よくわかる「世界のドラゴン」事典

ヒューマン文庫

「世界のドラゴン」を追究する会・著
ブレインナビ・編

JN266003

廣済堂文庫

はじめに

「ドラゴン」という言葉の響きに含まれたもの、それは雄々しく雄大なものなのか、それとも禍々《まがまが》しくおぞましいものなのか、もしくは神々しき幻のようなものなのか？　人々はドラゴンに人を圧倒する力のようなものを感じ取り、「恐れ」を抱いていたのであろう。

だが、「龍」と呼ぶとなると、そのイメージはほぼ「神的存在」として集約されるのではないだろうか？　ドラゴンにあった凶悪さや暴力的なものが鳴りを潜《ひそ》め、智慧《ちえ》ある超生物としての存在という印象が浮かびあがってくる。龍に抱く思いは、まさしく神を敬う気持ちに含まれる「畏《おそ》れ」となるのであろう。

恐れと畏れ――言葉の響きは同じでも含まれる思いは異なるもの。だが、そこには大いなるものに対する「憧れ」が同様に含まれているに違いない。力強きドラゴンや賢き龍への人々の憧れの気持ちは、ヨーロッパの伝説の王「アーサー・ペンドラゴン」や、三国志の武将「趙雲《ちょううん》（子龍《しりゅう》）」など、ドラゴンや龍の名を持つ人名や商品名などが世に溢れていることからもよくわかることである。人々は今もこの幻獣に憧れ続けているのだ。

本書は、そんなドラゴンについて知るための手段として活用していただければ幸いである。

INDEX

ヴリトラ……246
神を超えた力を持つ悪龍
バニップ……247
死と病と災厄をもたらす怪物
虹蛇……248
天地創造の時代から存在する〝大いなる蛇〟
グランガチ……252
「魚の王」と敬われる精霊
イピリア……254
七色に輝く巨大ヤモリ
コラム
現代に生きるドラゴン……256
ドラゴン索引……258
参考文献……261

世界創世と共に「ドラゴン」は誕生した！文明発祥の地より生まれたドラゴンたち

世界四大文明と呼ばれる、メソポタミア文明・エジプト文明・インダス文明・黄河文明。それぞれ大河のほとりから発祥した最初の文明の中で、人々は「神」なる万能の存在を崇《あが》めていくことになる。神はときに偉大であり、ときに寛容《かんよう》で、ときに残酷であった。そんな世界で、まるで必然のごとく出現した存在こそが、「ドラゴン（本書では龍や蛇属を含む）」にカテゴライズされるものであった。

あらゆる生物の中でももっとも強大なもの。それがドラゴンの特徴である。そのため、神そのものであったり、または神と敵対するものであったり、もしくは神に近しいものであったりとさまざまな存在として語り継がれている。メソポタミアからはイスラム・キリスト教世界へと至る悪獣ドラゴンが登場し、エジプトでは有翼の蛇や蛇頭の神が顕現《けんげん》し、インダス川からはナーガへと至る蛇属が現出し、黄河からは中国の空と大地を駆ける龍が誕生した。それらのドラゴンは総じて、蛇やトカゲなどの爬虫類の姿に類似し、もしくは古生代の恐竜のような姿を持ち、さらにはありとあらゆる生物の特徴を兼ね備えたキメラ（複合生命体）であったり、翼を持って空を飛んだり、長大な身体をくねらせて大海を泳いだり、人の姿で天啓《てんけい》を与えたりと、さまざまな姿を持っていたとされている。

似て異なるもの——西の「ドラゴン」と東の「龍」

本書では便宜《べんぎ》上、東経六十五度あたりを中心に世界を東西に分割している（16ページ地図参照）。四大文明の発祥地で分けると、西にはメソポタミアとエジプトが、東にはインダスと黄河が含まれることになる。地域によってドラゴンの受け止められ方は異なっており、西の社会では悪魔に近しい種族として、人に災いなす存在として恐れられ、一方、東の社会では神に近しい種族として人々から敬われた。

多くの書物では、西のドラゴンは「火」、東は「水」を司るものと語られている。そのため西のドラゴンは口から火を吐き、東の龍は雨を降らせる、という特徴付けがなされているのであろう。この火と水という特徴は、西の社会が狩猟民族的「奪う」思考を有しているのに対し、東の社会が農耕民族的「育てる」思考を基盤としていることにも関係していると思われる。つまり、西のドラゴンにはその強大な力や炎で燃やし尽くして蹂躙《じゅうりん》する「略奪者」の象徴〝火〟が充てられ、東の龍には智《ち》慧《え》を与え、家畜や作物を育成する「供与者」の象徴〝水〟が充てられたのではないだろうか。また、この火と水の性質の特徴は、人々のドラゴンに対する対応の仕方にも関係しているのである。

ドラゴンを殺す〝西〟と龍を生かす〝東〟

作家の荒俣宏はその著書『怪物の友』（集英社）の中で、西洋人はドラゴンを退治することで都市建設などを行い、東洋人はそれとは逆に龍を生かすことで、都市を発展させたと語っている。つまり西洋では、ドラゴンという〝悪〟存在を退治することで、ドラゴンの守る財宝（水や大地なども含む）を奪い繁栄していき、東洋では龍という〝自然の脅威〟と共存していくことで、龍の持つ自然の〝気〟の力（中国の風水にある「龍脈」は、その名のとおり龍のエネルギーが大地の下に流れているという思想である）をもらって発展していったのである。

他者から勝ち取り、奪うことを是とする西洋社会の感覚と、あくまでも自分たちで作り上げることを基本とする東洋社会の感覚。ドラゴンと龍への対処の違いはその感覚が事象化したものなのだろう。これは、狩猟民族的発想と農耕民族的発想の違いと言い換えてもいいのかもしれない。

蛇とトカゲと恐竜とドラゴン

また、ドラゴンは東西で分けられるほかにも、その姿かたちでさまざまな種類に分別できる。大別すれば、二足歩行のトカゲのような姿の西洋のドラゴン、角を生やして宙をうねる長い身体の東洋の龍、そして、もっとも多いのが蛇の姿を持つものたちであろう。蛇はさまざまな地域で神とも悪魔ともされた生き物であり、その生命力の強さなどから不死の怪物とも考えられていた。

そういった蛇やトカゲなどを見た人々が、ドラゴンや龍を生み出したのではないかとも言われているが、ほかにもドラゴンのルーツが恐竜だったことも考えられる。なんらかの状況で発見された「恐竜の化石」を見た古代の人々が、それを巨大な生物と認識し、ドラゴンの姿を思い浮かべたとしてもおかしくはないだろう。

さらには、古生代より生き残っていた本物の恐竜が、過去の人々の前に姿を現していて、伝説として語り継がれた、ということも考えられないことではない。

多頭のドラゴンや、人の頭を持つ蛇、さまざまな種類にあふれるドラゴン種たち。もしかしたら、今後どこかの場所でそんなドラゴンたちの姿が、実際に発見されることもありうるのかもしれない。

本書での東西の区分

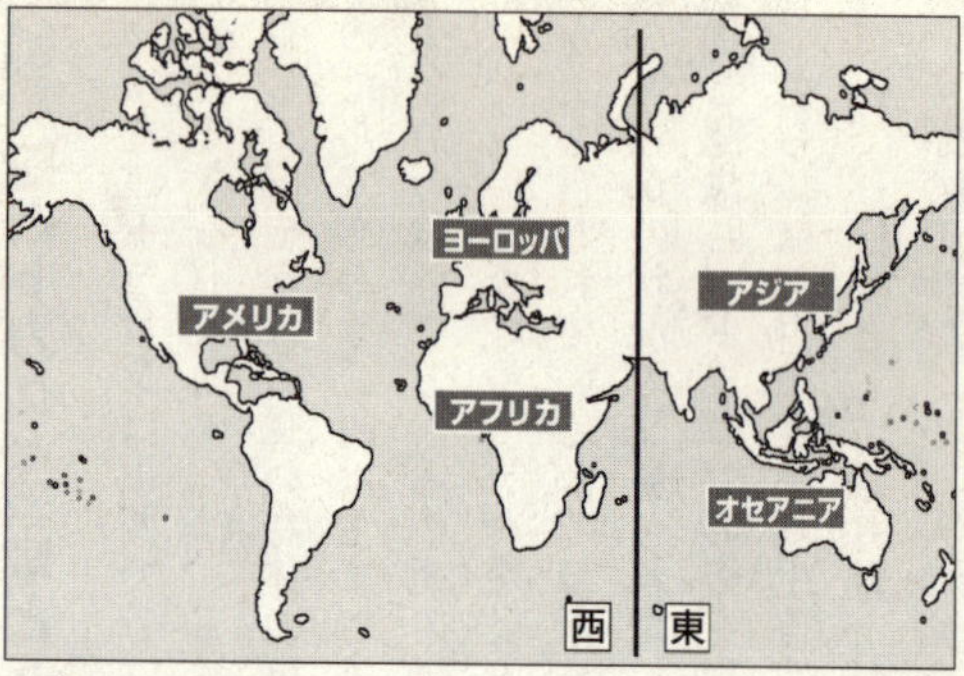

本書では上地図のように東径65度あたりを中心に、世界を東西に分類しています。

本書に登場するドラゴンのタイプ

ドラゴン

四肢を持ち、二足歩行で、爬虫類系の体型を持つ存在

龍

角を持ち、長い身体と手足、鱗を持ち宙を舞う存在

蛇

生物学上の蛇と同様の姿を持つ

トカゲ（爬虫類系）

トカゲやワニ、亀などの生物に似た形状を持つ

その他

前条件に当てはまらないもの

◆また、さらに次の項目に細分化される

翼（羽）

翼を持つもの

多頭

頭を複数持つもの

人身・人頭・蛇身・蛇頭・龍身・龍頭

人の身体を持ち、蛇や龍の頭を持つもの。また、人の頭を持ち、蛇や龍の身体を持つものなど

「西」のドラゴン

DRAGON OF WEST

〝火〟の性質を持つ凶暴なる悪獣【ドラゴン】

「西」の世界を代表する最強の幻獣。神々に敵対し、人間を苦しめる怪物であり、キリスト教の世界では悪魔ともされる異質な存在である。語源は古代ギリシャ語で〝蛇〟の意味を持つ「ドラコーン（Drakon）」ではないかと言われているが、定かではない。

英雄に退治される宿命を背負いし生物の王

ドラゴンの多くは角の生えた爬虫類のような頭部を持ち、長い首と四本の足のついた大きな体躯《たいく》と長い尻尾、さらに背中に翼を生やした巨獣として描かれ、人々から恐れられていた。その中には、牙のはえた口から毒息を吐いたり、火を吐いたりするものも存在したという。また、〝人間や神と敵対する〟存在として暴虐の限りを尽くし、多くの神や人間の英雄と戦って退治されているのだった。

財宝を抱いた古き竜

ファーブニル

Fefnir

ドラゴン・翼・蛇・トカゲ系

北欧

北欧神話に登場するファーブニルは、もともとは人間（もしくは小人）であった巨大なドラゴンだ。鋭い牙と爪は敵を簡単に引き裂く力を持ち、身体は硬い鱗《うろこ》に守られている。さらに、口から毒液を噴射できるという能力を備えている恐ろしい存在だ。絵画などでは翼のあるドラゴンとして描かれることもあるようだが、蛇のように長い身体を持っていたとする記述もあり、トカゲ型と大蛇型の両方を示す記録が混在している。こうした混在は古い伝説に多く、我々が想い描く〝ドラゴン〟のスタンダードな形状が成立する以前の物語で起こる事例だろうと思われる。実際に、史料の中でファーブニルを指すときは、大蛇を指す〝オルム〟と竜を指す〝ドレキ〟という単語が併用されている。なお、ファーブニルという名前には〝抱擁《ほうよう》するもの〟という意味があり、その姿と名前は、「財宝の山を抱くように眠る竜」というドラゴンの典型的なイメージを形作るベースとなった。

欲望により邪竜に姿を変える

この竜に関して伝えられる物語には細部に若干の差異があるが、巨万の財宝を隠し持ち、最終的に一人の勇者によって倒される運命を辿《たど》るという結末は変わらない。まず、ファーブニルが竜になった経緯は以下の通りである。ファーブニルが守る財宝は、もともと彼の父親であるフレイドマルのものであった。ファーブニルは欲に目が眩《くら》んで、父親を殺し弟であるレギンを追放して、財宝を独占した。しかし、その財宝には強力な呪いがかけられていた。それは「この財宝を得た者には大きな不幸が訪れる」というものであったのだ。ファーブニルは獲得した財宝を取られてはならないと考え、魔法によって自らを恐ろしく強大なドラゴンに変えた。だが、そのファーブニルにも不幸が訪れることになる。

シグルドの竜退治

北欧の民間伝承『ヴォルスンガ・サーガ』に登場する英雄・シグルド（ジークフリート）は、ファーブニルを倒したいわゆる〝ドラゴンスレイヤー〟として知られている。あるとき、シグルドは養父（親方）である鍛治師のレギンに「黄金を溜め込んだ竜」のことを教えられた。レギンは宝を独占して竜になった兄ファーブニルを殺し、それを奪おうと考えていた。

ファーブニルは泉に水を飲みに行くとき以外は宝の山を抱いて動かなかったため、レギンはシグルドに「ファーブニルが泉に行く通路に穴を掘って潜み、剣を突き上げて殺すとよいだろう」と助言をした。シグルドはファーブニルの不意をついて剣を一気に突き刺すと、それは深々とファーブニルの身体を貫いた。ファーブニルはなんとかシグルドを倒そうとするが、睨《にら》み合いの末、自分の敗北を認め、財宝の呪いについて警告すると死んでしまった。勝負が着くとレギンは喜び、シグルドに「ファーブニルの心臓を取り出して焼いておくように」と命じて寝た。シグルドは言いつけ通りに心臓を火で炙《あぶ》っていたが、焼け具合を確認するために心臓の一部を食べると、たちまち鳥の声を理解できるようになった。鳥たちが言うには、「レギンは心臓を食べた後にシグルドを殺して、財宝を独占しようと企んでいる」とのこと。それを知ったシグルドは眠っているレギンを殺し、心臓を食べ尽くした。ファーブニルの心臓を食べたことで、シグルドは鳥や動物の言葉を理解し、多くの知恵と不思議な力を身につけた。しかし、シグルドも結局呪いにかかり、財宝を狙った兄弟によって暗殺され、この世を去っている。

世界を取り巻く大蛇

ヨルムンガンド

Jormungand

蛇

北欧

北欧神話に登場する巨大な毒蛇。名前のヨルムンガンドは「大いなる丸太」を意味する。猛毒の息を吐き、まっ黒な体の大きさはミッドガルド（人間界＝大地）を取り巻いても余るため、自らの尾をくわえ海の底で横たわっているとされる。そのことから古代スカンディナビア語で「大地を取り巻く蛇」という意を持つ、ミドガルズオルムとも呼ばれる。北欧神話は、神々であるアース神族と巨人族との敵対関係が軸として描かれており、その中でヨルムンガンドは、巨人族出身ながらアース神族に属する悪戯好きの神ロキと、女巨人アングルボダの間に生まれた三匹の魔物のうちの一匹として登場する。しかし、彼らの存在を神々は快く思わなかった。ヨルムンガンドは最高神オーディンによって大地を取り巻く海に投げ捨てられたが、海の底でみるみる成長し、ついには世界を取り巻くまでに大きくなったのだ。そして、世界の終焉《しゅうえん》となる戦い「ラグナロク」を待つのである。

“最強の神”対“最強の怪物”

最大にして最強の怪物となったヨルムンガンドに立ち向かえる神は、雷神トールをおいて他にいなかった。宿命の敵同士といえる両者は、三度に渡り合い、見《まみ》えることになる。はじめの出会いは、魔法を使う巨人王ウトガルド・ロキの城においてであった。城にやってきたトールにウトガルド・ロキは、自分の飼っている猫を持ち上げてみろと挑発する。トールはこれを受けて立ったものの、どうしても猫を完全に持ち上げることができない。なぜなら、猫の正体は姿を変えたヨルムンガンドだったのだ。そのからくりを知ったトールは、海に出てヨルムンガンドを退治しようとする。二度目の対決となったこのときは、トールがヨルムンガンドを釣り上げ、必殺のハンマーでとどめを刺そうとしたが、怯《おび》えた従者が釣り糸を切ってしまい、あと一歩のところで逃してしまった。

決着は、神々と巨人族との決戦となる「ラグナロク」でつくとされる。ここで対峙した両者は激しい戦いを繰り広げ、ついにトールがヨルムンガンドにハンマーを浴びせて頭を潰した。しかし、ヨルムンガンドの吐く毒を受けていたトールは九歩退いてから倒れこみ、そのまま息を引き取ってしまうのだ。

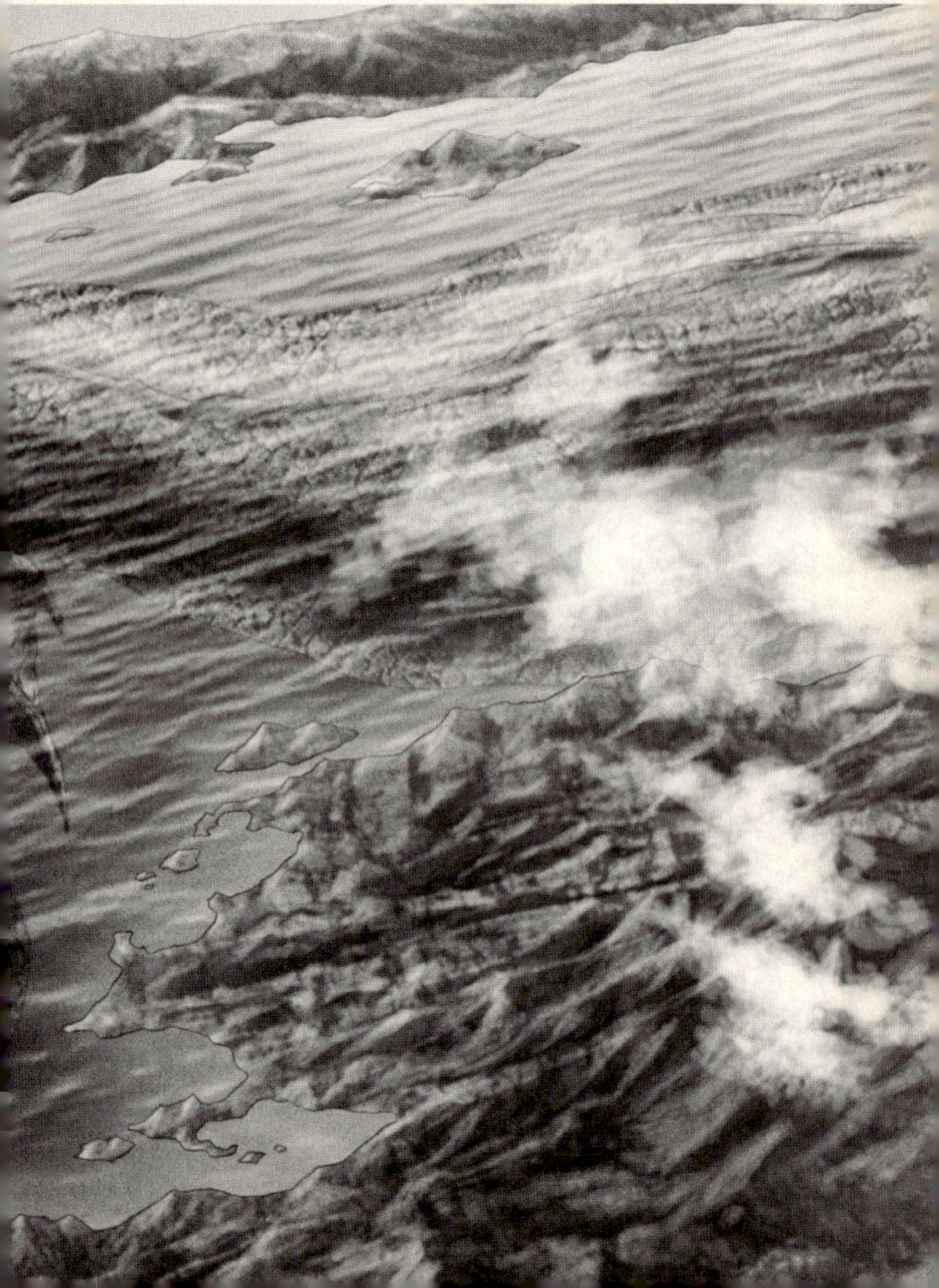

黄泉の国で死体を貪《むさぼ》る

ニーズヘッグ

Nidhogg

ドラゴン・翼

北欧

北欧神話に登場する、黒光りする鱗《うろこ》と翼を持つドラゴン。黄泉の国ニヴルヘイムにある泉フヴェルゲルミルに無数の蛇とともに棲み、泉に浮かぶ死体を貪り、その血を啜《すす》っている。ニドヘグ、ニドヘッグなどとも呼ばれるが、これらは「死体を貪り食うもの」といった意味がある。また、「嘲笑《ちょうしょう》する虐殺者」の異名を持つ。

世界樹の根をかじる脅威の存在

ニーズヘッグは、世界樹ユグドラシルの根をかじる、世界を脅かす存在とされ、同じくユグドラシルの梢《こずえ》にいる鷲《わし》フレースヴェルグと仲が悪い。リスのラタトスクが二匹の間を行き来し会話をしているが、お互いに罵《ののし》りあっている。また、北欧神話における最終戦争ラグナロクではニヴルヘイムから地上に出現し、火を噴き飛び回る。ラグナロク後も生き残り、世界樹の根をかじり続けるとされている。

三百年生きた竜

ベイオウルフのドラゴン

Dragon of Beowulf

ドラゴン・翼

北欧

北欧の英雄・ベイオウルフと相討ちになったこのドラゴンは、三百年以上生きた巨大なドラゴンだ。体長は二十五メートルほどあり、口からは炎や毒の息を吐き、背中は隙間なく鱗《うろこ》で守られていた。さらに、巨大な蝙蝠《こうもり》のような羽根を持っているため、空を飛ぶこともできた。唯一の弱点となるのは柔らかい腹部で、この部分さえ防御できれば、ほぼ無敵の存在であっただろう。

宝の恨みは命で償え！

このドラゴンは宝物収集を趣味としており、手にした宝はすべて保管していたようだ。この大事な宝物の上でとぐろを巻いて眠ることが楽しみであり、これを邪魔しようとする者、例えば宝を盗もうとする者などに対しては、徹底的な報復を行ったという。逆に、宝物以外には基本的に関心を示すことがなく、このドラゴンのね

ぐらに近づくことさえしなければ襲われる心配はまったくなかったのである。しかし、あるときベイオウルフの国から抜け出した逃亡奴隷が、山中でこのドラゴンのねぐらに迷い込み、眠っているドラゴンとその宝物に遭遇した。彼はドラゴンを起こさぬように、そこにあった宝石で飾られた黄金の盃をこっそり盗んで持ち帰った。これを自分の主人に渡すことで、奴隷の身分から開放してもらおうとしたのだ。かなり時間がたってから目を覚ましたドラゴンは、人間の臭いの残滓《ざんし》を感じるとともに、黄金の盃がなくなっていることに気がついた。ドラゴンは人間に盗まれたのだと確信し、人間たちが住む土地……ベイオウルフの国に向かい、人間に罰を与えて黄金の盃を取り戻そうと暴れはじめた。村々やベイオウルフの居城は焼かれ、人民は恐慌に陥った。

ベイオウルフは領土と国民を守るため、ドラゴンに対して闘いを挑んだ。ベイオウルフはドラゴンの炎に焼かれ、鋭い牙で噛みつかれたものの倒れなかった。またドラゴンもベイオウルフの剣で深手を負いながらも戦い続けた。最終的に、ベイオウルフがドラゴンの柔らかい腹部に刃を突き立て、ドラゴンは三百年以上の生涯を閉じることになった。しかし、ベイオウルフも全身に大火傷をしたうえドラゴンの毒がまわって死んだ。ドラゴンは稀代の英雄を道連れにしたのである。

イギリスの伝説に登場するドラゴン

ブリテン島のドラゴン

The Dragon on Britain island

ドラゴン・翼

イギリス

イギリスの国土のほとんどを占めるグレートブリテン島は三つの非独立国家からなっている。そのひとつウェールズの国旗には緑と白の背景に、翼を持ち、口から槍のようにとがった舌を突き出した赤いドラゴンが描かれている。

「赤い竜と白い竜」の伝説物語

ブリテンの大君主ヴォーティガーンは王国を異民族から守るためにサクソン人と手を組んだ。しかし、逆にサクソン人に戦争を仕掛けられ、王は堅固な塔を建設しようとしたが、何度作っても塔は崩れてしまう。そこで、王はその原因を突きとめるために、後にアーサー王伝説にも登場する助言者マーリンに原因を調べさせたところ、城の直下の池でブリテンの赤い竜とサクソンの白い竜が戦っているのが原因と言い当てたという。

炎をまといし財宝の守護者

ファイアー・ドレイク

Fire Drake

ドラゴン・翼

イギリス

イギリスに伝わる全身が炎に包まれたドラゴン。このドラゴンは洞窟や墓所などに隠された財宝を守る守護者とされ、火の精霊や死者の魂だと考えられていた。口からは火を吐き出し、盗掘者の発掘を防いだという。

空を舞う炎のドラゴン

ファイアー・ドレイクが地上に舞い降りると、全身に燃え盛る炎の影響で、周辺は夜でも真昼のように明るくなったという。また、舞い降りた後に、不意にその姿を消してしまうこともあったとされる。なお、雲に覆われた曇り空のときなどにファイアー・ドレイクが空を飛んでいると、稲光のような奇妙な光が走るという。熱い雲と冷たい雲が交わって生み出されるという説もあるらしい。そういったことから精霊的なものと認識されていたと思われる。

オペラの題材となった伝説のドラゴン

ウォントリーのドラゴン

The Dragon of Wantley

ドラゴン・翼

イギリス

イギリス北部、ヨークシャーの伝承に登場するドラゴン。大きな翼と長い毒針のついた尻尾を持ち、火の息を吐いて、牛や子供を喰らったという。そんなドラゴンに苦しめられた人々は、モア・ホールという騎士にドラゴン退治を依頼する。依頼を受けたモアは長い大釘のついた鎧《よろい》をまとってドラゴンと対決。戦いは二日二晩もの間続いたのだが、モアの大釘のついたかかとでの蹴りがドラゴンの背中に命中すると、それが致命傷となって脱糞して息絶えたという。

このドラゴンは創作か伝説か?

ただし、このドラゴンの出てくる話はバーレスク（文芸作品のパロディ）だとされており、『ウォントリーのドラゴン』というタイトルでオペラの物語となっていたという。なるほど、脱糞するくだりなどがコメディータッチであるわけだ。

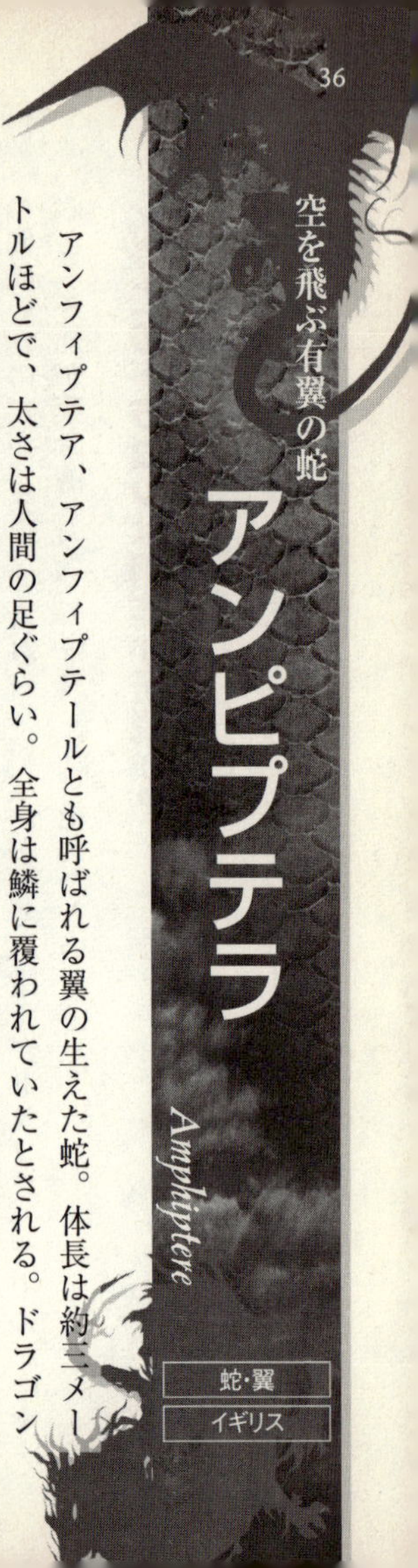

空を飛ぶ有翼の蛇

アンピプテラ

Amphiptere

蛇・翼

イギリス

アンフィプテア、アンフィプテールとも呼ばれる翼の生えた蛇。体長は約三メートルほどで、太さは人間の足ぐらい。全身は鱗に覆われていたとされる。ドラゴンの頭部を持ち、肩からは小さな翼が二枚生え、その翼は飛ぶときに常にキラキラと輝いていたという。このような〝有翼の蛇〟は北アフリカやヨーロッパなどに主に棲息していたらしく、ほかにも世界各地に分布していたと言われている。

ヘナムで発見された最後のアンピプテラ

イギリスのヘナムという村で目撃されたアンピプテラは、村人に発見されると石を投げつけられ、それに驚いて近くの森に逃げ込んでしまった。なお、その五年後、ヘナムではドラゴン退治を記念して祭りが催された。この祭りはなんとその後、二百六十五年間も続いたという（現在は行われていない）。

騎士と犬たちに退治された悪竜

ハンプシャーの竜

The Hampshire Dragon

不明

イギリス

イングランド南岸に位置するハンプシャー州にビスターンという土地がある。この地には、バーリー山からやってきて食料としてビスターンの村人たちに手桶《おけ》いっぱいの牛乳を要求していたドラゴンがいた。炎を吐き、硬い鱗に覆われたこのドラゴンは、やがて家畜や人間の肉を求めるようになり、村人らは困り果てた。

現在も残る伝説の跡

これに立ち向かったのは、村人たちに雇われた騎士、モリス・バークレー卿と二匹の犬たちだった。騎士はドラゴンの炎を防ぐために、身体中にトリモチ（粘着材）を塗って硝子《がらす》の粉を振りかけた。戦いの末、犬たちは戦死、騎士は見事ドラゴンを退治するも間もなく衰弱死してしまうが、この偉業を讃えるため、今でもビスターン公園には竜の彫刻と二匹の犬たちの像が飾られているそうだ。

猛毒を持つ猛き飛竜

ワイバーン

Wyvern

その他(翼竜型)・翼

イギリス

大きな翼と長くしなやかな尻尾を持つドラゴンの亜種。前脚はなく、腕部が翼になっている。尻尾は硬く鋭い鏃《やじり》のようになっており、猛毒を分泌するとされている。日本では〝翼竜〟や〝飛竜〟と訳されることが多く、比較的メジャーな存在である。それにもかかわらず、このドラゴンが明確に登場する民話や故事などはほとんど見当たらないのだ。

紋章として愛された姿

ワイバーンはもともとフランスのヴィーヴルがイギリスに伝わったものらしい。その名前が英語で発音しやすく変化していき、姿も名前も異なっていったそうだ。そして、紋章の図柄（チャージ）として広まっていったと考えられている。なお、紋章学上では「強い敵意」を表すシンボルとして用いられる。

古くから伝わる伝統のドラゴン

ワーム

Wyrm / Worm

トカゲ系・蛇・その他

イギリス

ワームは古い竜で、イギリスの民話などによく登場する。日本のゲームや小説を見ると、カタカナではウィルム、ワイアームなどと表記されることもあり、訳語としては〝長虫〟や〝地竜〟などが充てられている。なお、かつてはドラゴンやワーム、ワイバーンなどはしっかりと区別されていなかったが、現在はドラゴンの中でも古いもの、または手足や翼を持たないものを指すことが多いようだ。

ランプトンの竜物語

ワームに関しては、以下のような言い伝えがある。ランプトン家の男が釣りをしていると、小さなトカゲのような生き物が釣れた。彼はそれを井戸に捨てたが、それはワームの幼生だったのだ。時が過ぎてワームは大きくなり、村や家畜を襲って領民を困らせた。これを退治しようと何人もの騎士が挑んだが、すべて敗北した。

勝てない理由はワームの再生能力の強さで、身体を斬られてもすぐにくっついてしまったというのだ。ランプトン家の男も騎士になって、賢者にワームを退治する方法について相談した。すると賢者は「必勝法を授けるが、お前は勝利後最初に見た人物を殺さねばならない。それでもよいか？」と尋ねた。男は了承し、教えられた通りの武具を用意してワームのもとへ向かった。

賢者のアドバイスは、こういうものだった。まず、ワームの再生を防ぐために、ワームの身体の切れ端を本体から遠ざけること。そのため、流れの早い川で戦うことが望ましい。そして、ワームは巻きつく力が強いので、刺（もしくは槍の穂先）がついた鎧で身を守ること。これは自身が絞め殺されないようにすると同時に、ワームが強く巻きつけばそれだけダメージを与えることになる。実際にこの方法で戦うと、ワームは千切れた身体を流されてしまい再生できず、やがて男に倒された。男は意気揚々と城に向けて戻ったが、そこに父親が出迎えに来てしまったのだ。最初に見た人間は父親となってしまったが、父親の後ろには男の忠実な猟犬がついてきていた。男は父親の代わりにしようとして、猟犬の首を刎《は》ねてしまった。しかし当然、それは哀れな猟犬を無駄死にさせただけで何の解決にもならず、家は八代の間呪われ続けて滅亡してしまったという。

魔法の井戸を占拠する欲深き竜

ロングウィットンの竜

The Longwitton Dragon

不明

イギリス

イングランドの北端、ノーサンバーランド州のロングウィットン近辺の森に棲んでいた竜で、黒く長い舌と蜥蜴《とかげ》のように長い尻尾を持ち、姿を消すことができる能力を持つ。尻尾を魔法の井戸に浸している間は不死身であった。

井戸水に頼った不死の力

この竜はロングウィットンの住民が大事にしていた魔法の井戸を見つけ、ここに居を構えて近づく人々を脅して、美味で傷病を癒すという魔法の井戸水を独占した。あるとき、近辺を通りかかった騎士が人々からの苦情で竜退治を引き受けた。騎士は魔法の軟膏《なんこう》で不可視を見破り、鈍重な竜に数多くの傷を負わせたが、倒すことができなかった。後日、騎士は竜が不死身である秘密が井戸水にあると考え、うまく竜を井戸から引き離して戦い、ついに竜を倒したという。

継母により姿を変えられた美しい王女

スピンドルストンの竜

The Dragon on the Spindleston

その他（ミミズ型）

イギリス

ロングウィットンの竜と同じく、イングランドのノーサンバーランド州にあるスピンドルストンに伝わる竜伝説。この竜が毒の息を吐くために、周囲七マイル四方は作物が育たなかったという。実は、この竜はもともと人間の王女であったが、その美しさに継母の王妃が嫉妬し、変身させられてしまった姿であった。

王子の愛と勇気が妹を救う

竜の噂を聞き、なぜかそれが妹であるという予感がした王子は、スピンドルストンに向かった。王妃は王子の帰還を邪魔しようとするが果たせず、竜は王子の妹を信じる心と三回のキスによって呪いを解かれ、もとの美しい王女に戻った。そして、王妃は王子の魔法によって大きな毒蛙に変えられたそうだ。なお、この物語は『おぞましいりゅう』という絵本にもなっている。

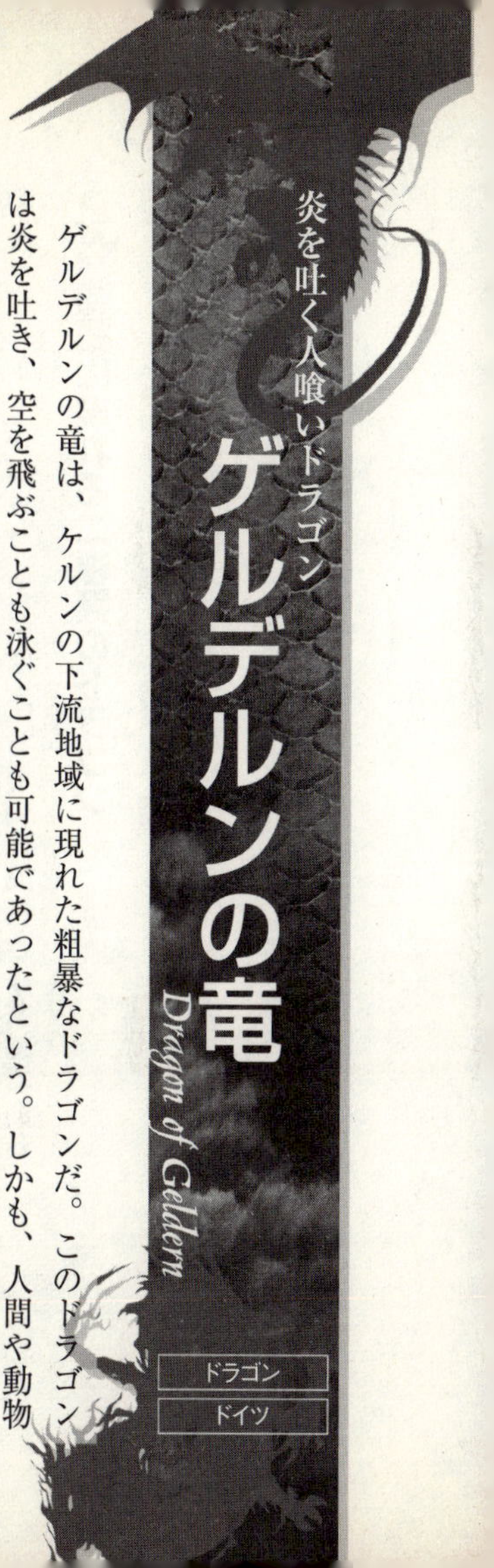

炎を吐く人喰いドラゴン

ゲルデルンの竜

Dragon of Geldern

ドラゴン

ドイツ

ゲルデルンの竜は、ケルンの下流地域に現れた粗暴なドラゴンだ。このドラゴンは炎を吐き、空を飛ぶことも泳ぐことも可能であったという。しかも、人間や動物を食べてしまうため、多くの人々が逃げ去った。加えて、欲情すると井戸や水場に毒性の精液を垂れ流すため、それによって多くの生き物が死んだとされている。

竜退治で領主になった男

このドラゴンを退治したのは、近隣を支配していたオットーという領主の息子で、ルポルドという名の男だった。彼は、目をギラギラ輝かせ「ゲルレ、ゲルレ」と鳴くドラゴンにも怯まず、突撃するとあっという間にドラゴンをしとめてしまった。この功績からルポルドはこの地の領主となり、後を継いだ弟が名家の娘と結婚し、ゲルデルン家という貴族の家系の始祖になったという。

『不死身のジークフリート』のドラゴン

Dragon of Siegfried

蛇・ドラゴン

ドイツ

ファーブニルの項で登場したシグルドの物語に対して、キリスト教的なカラーを加えたのが、『不死身のジークフリート』という物語だ。シグルドのドイツ語読みがジークフリートであり、この物語はドイツの民話として広がった。かなり古くから存在する話であるため、その細部は語り手や記録によって異なっている。ただ、ジークフリートがドラゴンを退治するという筋書きは共通である。

物語に現れる二種類のドラゴン

これに登場するドラゴンは二種類おり、一方はジークフリートが勇者と呼ばれる前に登場する。このドラゴンは集団で生息しており、ジークフリートと出会ったときには菩提樹《ぼだいじゅ》に巻きついていた。形状は大蛇のようで、大きな口を持ち口腔内は真っ赤であったという。毒を含んだ息が武器であり、ジークフリートはこの毒の息

に阻まれて前進できなかった。そこで、ジークフリートは周囲の木を折ってはドラゴンに投げつけ、すべてのドラゴンを木の下敷きにした。そして、その木に火をつけて、身動きできないドラゴンをすべて丸焼きにしてしまったのだ。このとき、焼けるドラゴンから脂が流れてきた。これが冷えて固まると非常に硬くなることがわかり、ジークフリートは急いで全身にこの脂を塗った。予想通り、この脂を塗った部分は剣も槍も弾き返す鋼鉄の鎧のようになり、このときからジークフリートには〝不死身〟の異名がつくことになった。

もう一方は、より現在のドラゴンのイメージに近い形状をしている。口から炎を吐き、長い首と尻尾、蝙蝠《こうもり》のような翼を持った巨大な漆黒のドラゴンだ。このドラゴンはもともと人間だったが、魔女を怒らせてドラゴンに姿を変えられたのだという。このドラゴンは方々を襲っては金銀財宝を奪ってねぐらの洞窟に隠していた。さらに、ヴォルムス（現在のドイツ南西部）の王女をさらって身の回りの世話をさせていた。王女がさらわれたことを知ったジークフリートは、このドラゴンを倒すために洞窟へ向かった。このときは、ドラゴンの炎によって身体に塗った脂は溶けて流れ落ちてしまったものの、ジークフリートはドラゴンを一刀両断して王女を救い、ドラゴンが溜めていた財宝を手にすることができたという。

物語の中のドラゴン①

『不思議の国のアリス』

『不思議の国のアリス』には、ジャバウォッキーの森という架空の土地に棲み着く、ドラゴンと思われる生物が登場する。これはジャバウォックと呼ばれる生き物で、アリスが読む本の中に鏡文字で記されているのだ。

ジャバウォックは鏡文字で書かれた詩のなかに登場し、〝非常に恐ろしいもの〟の代名詞として表現されている。容姿については「炎のように輝く目と強靭《きょうじん》な顎《あご》、つかみかかり引き裂く爪を持つ」とされており、かなり獰猛《どうもう》な印象を与える。そして、その後いくつかの本でジャバウォックが挿絵で描かれることによって、ドラゴンの亜種なのではないかと思われるようになった。首と尻が長く、硬そうな鱗《うろこ》を持ち、翼竜のような羽根を備えている姿は、ドラゴンの特徴を充分に備えているものだ。なお、ジャバウォックはすでに死んでおり、現存しない幻獣だという。このドラゴンは若者に討ち取られたとされており、その頭蓋骨はジャバウォッキーの森の近くに展示されているそうだ。

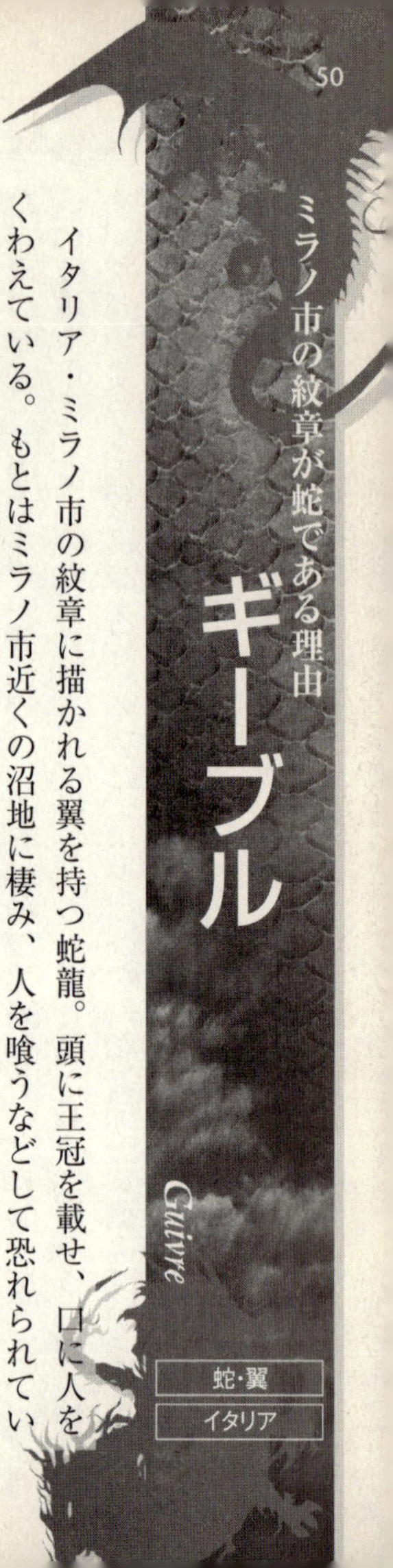

ミラノ市の紋章が蛇である理由

ギーブル

Guivre

蛇・翼

イタリア

イタリア・ミラノ市の紋章に描かれる翼を持つ蛇龍。頭に王冠を載せ、口に人をくわえている。もとはミラノ市近くの沼地に棲み、人を喰うなどして恐れられていたが、フランス貴族であるヴィスコンティ家の祖ウベルティが退治した。その後沼地を埋め立て、その上に教会を建立。以来、紋章のモチーフとなっており、イタリア車アルファロメオのエンブレムは、この紋章を左右反転させたものだ。

伝えられる意外な弱点

有毒の息を吐き、体の下敷きになった草むらはやがて枯れるといわれるほど凶悪なギーブルだが、思わぬ弱点がいまに伝えられている。それは男の裸であり、水浴び中の農夫がギーブルに出くわしたが、男が裸だとわかるやギーブルは顔を朱に染めてはずかしがり、一目散に逃げ出したという逸話が残っている。

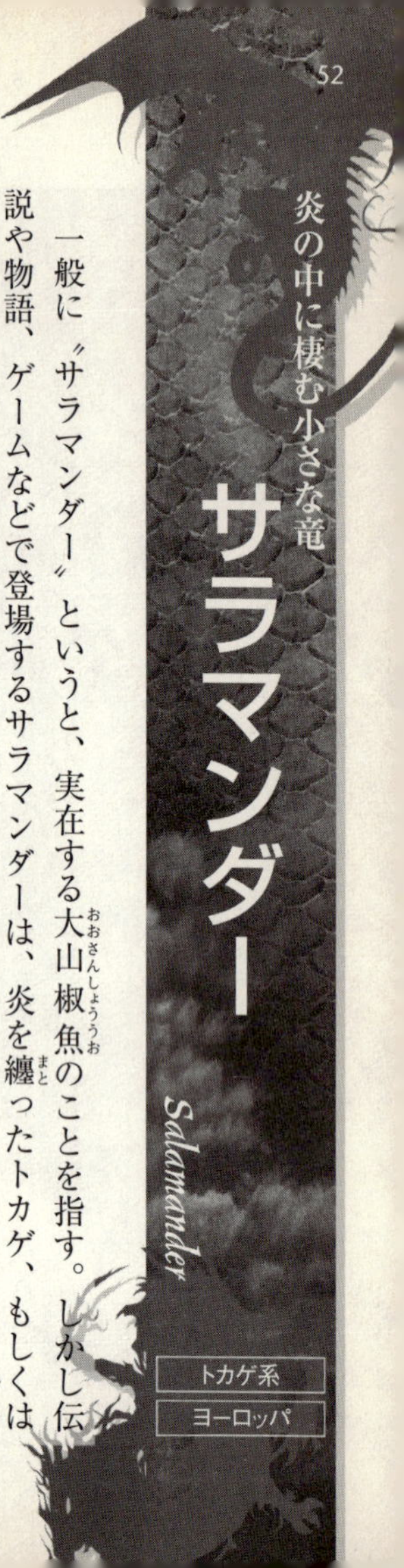

一般に〝サラマンダー〟というと、実在する大山椒魚《おおさんしょううお》のことを指す。しかし伝説や物語、ゲームなどで登場するサラマンダーは、炎を纏《まと》ったトカゲ、もしくは炎の中でも生きていられるトカゲとされる小さなドラゴンである。日本では〝火《ひ》蜥《と》蜴《かげ》〟と訳されることが多いようだ。

冷たい身体から炎の身体へ

サラマンダーは古代ローマの時代から知られており、中世には紋章の図柄（チャージ）として用いられるほどポピュラーになった。古代ローマ時代に書かれた『博物誌』には「冷たい身体を持ち、たちまち炎を消してしまう」と、現在知られているサラマンダーとは逆の特徴が記されている。実在する大山椒魚は、身体が粘液に包まれており一見して水を纏っているように見える。おそらく、ここから「冷たい身

体を持つ」と連想されたのだろう。しかしサラマンダーは、いつからかまったく逆の「炎を身体に纏った」幻獣とされるようになった。これは身体の模様からの連想や、火事などで家屋から逃げ出す大山椒魚に炎が照り返した姿が転じたからだと思われる。やがてサラマンダーは〝四大精霊（地・水・火・風）〟のうち火に属すると言われるようになっていく。この四大精霊とは、十六世紀の錬金術師パラケルススが定義したもので、地に属するものはノーム、水に属するものはウンディーネ、風に属するものはシルフと呼ばれ、それぞれが自然現象や当時の科学の基礎になるとされていた。

サラマンダーは中世以降の知識層には比較的知られた存在であり、エルサレムより遥か東方にあるとされた想像上のキリスト教国の王プレステ・ジョアンが、ビザンティン帝国の皇帝などに宛てて書いた親書（現代では偽造とされている）にもサラマンダーの生態が記されている。また、サラマンダーの繭《まゆ》で作った布は不燃性だとされ、実際に取り引きもされていたらしい（現代ではアスベストなどではないかと考えられている）。あのレオナルド・ダ・ヴィンチも、「サラマンダーは火を食して皮を再生する」と信じていたようで、キリスト教の教会や騎士などもシンボルとしてサラマンダーを用いることがあった。

物語の中のドラゴン②

『ゲド戦記』

『ゲド戦記』とは一九六八年からアーシェラ・K・ル＝グウィンが描いたファンタジー小説シリーズである。多島世界アースシーを舞台にした魔法使いゲドの物語であり、日本ではスタジオジブリがアニメ映画化したことで話題となった。二〇〇七年現在、外伝含め六作が発表されている。

『ゲド戦記』に登場するドラゴンたちは、太古の言葉を話すことができ、魔法も使用することができた。中には、人間の姿に変化することが可能なドラゴンもいたとされる。

作中ではカレシンというドラゴンの長や、ゲドに真の名を見破られる〝ペンダーの竜〟イエボー、黄金の大きな翼と黄金の身体に、トカゲのような足、二十メートルを越える巨体を持つ〝最強のドラゴン〟オーム・エンバー、人間として成長し、そののち自分の真の姿を知ったドラゴン、オーム・アイリアンなど、個性豊かなドラゴンたちのことが語られている。

空を舞う雄々しき流星

リンドブルム

Lindwurm

ドラゴン・翼

ヨーロッパ

ドイツ語で「翼のあるドラゴン（GeflugelterLindwurm）」という意味を持つ空を飛ぶドラゴンの総称。長くとがったワニのような口に鋭い牙、鷲の前足とライオンの後ろ足を持っていて、尾の先端は矢じりのように三角形にとがり、背中の蝙蝠《こうもり》のような翼で空を自在に飛び回ったという。その飛行速度はすさまじく、そのため稲光や流星はリンドブルムが発光した姿であると考えられたそうである。なお、翼のないものは「リンドドレイク」と呼ばれる。

紋章としてその姿を残す

中世以降のヨーロッパでは、リンドブルムが紋章として使われていた。リンドブルムの紋章には「雄々しさ」、「敵に対する容赦《ようしゃ》のなさ」が表されていたという。ゆえに平和な時代に使われることは少なかったようである。

無限を象徴する蛇

ウロボロス

Ouroboros

蛇

ヨーロッパ

無限を意味するシンボルであり、自らの尾をくわえ輪となった蛇として描かれる。名前はギリシャ語で「尾をむさぼり食うもの」という意味を持ち、無限大を表す記号∞のモデルになったとも言われる。ウロボロスの起源については諸説あるが、地図上の不明地域を表すためのものや、エジプトの神メヘンの図版がギリシャに伝わったものとも考えられている。前述のヨルムンガンドをはじめ、自らの尾を咥えた蛇のモチーフはアステカや古代中国、ネイティブ・アメリカンの文化などでも見ることができるという。

ウロボロスは時代とともに象徴する意味を変えていくが、古代ギリシャにおいては、口（体の始まり）で尾（体の終わり）をくわえた円は生と死が結合している象徴と考えられた。また、円には始点も終点もないことから、「不死」や「無限」を意味していたとされる。

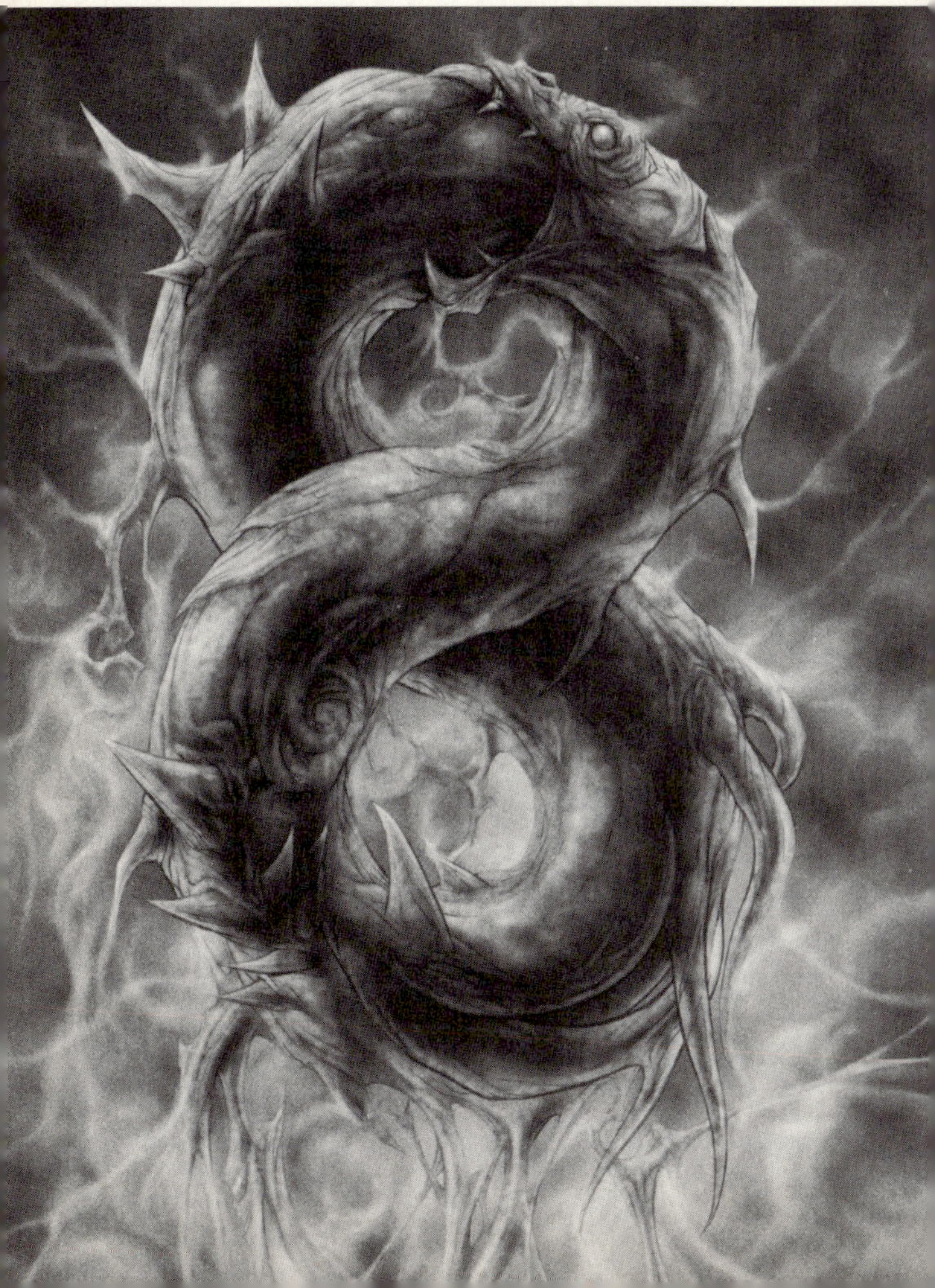

世界を表す暗号

無限の象徴とされたウロボロスだが、紀元二世紀ごろから地中海を中心に広まった思想グノーシス主義では、イエス・キリストの象徴にされたという。そのため、この考えに従った人々は蛇を崇拝していたそうである。しかし、彼らの思想は、蛇を悪魔と考える教会の力が増すにつれ衰退していった。その後キリスト教では、尾をくわえたウロボロスを自らの身を糧としていると解釈し、世俗的なものの象徴とみなしたという。

次にウロボロスに象徴的な意味を持たせたのは、中世ヨーロッパの錬金術師たちであった。彼らは自分たちの知識を隠すために、自分たちだけがわかる秘密の記号を用いていたのだが、その中でウロボロスは「〇」として記されており、これは世界を構成する根源的物質を象徴し、世界や完全、知識を意味したという。

その他にも、占星術で使われる黄道帯《こうどうたい》（ゾディアック）十二宮のまわりをウロボロスが取り囲んでいるものが見受けられるなど、循環《じゅんかん》や宇宙の根源の象徴ともされた。中には、自分で自分の尾を食べていくと、最終的にはなにもなくってしまうことから、ウロボロスを「無」の象徴とするシニカルな考えもある。

智恵深き半人半蛇の王
ケクロプス
Cecrops

蛇・半人半蛇
ギリシャ

ギリシャ神話に登場する、上半身は黒髪・黒髭の角を持つ人間の男の姿で、下半身は蛇の姿の伝説の王。エジプト出身で、アテナイ（現在のアテネの古名）建国の王と言われる。土から生まれたとされる説もあり、大変知恵深く、信仰深い人物で、アテナイの人々から神のように崇拝されたという。

女神アテナを守護神として選ぶ

アテナイの国がその名で呼ばれる以前、ケクロプスの前に海神ポセイドンと戦女神アテナが現れ、どちらかをその国の守護神として祀《まつ》るように迫った。それを知った大神ゼウスは、ポセイドンとアテナに国民に相応《ふさわ》しい物を贈った方が守護神となるように伝える。結果、国民はアテナの贈り物「オリーブ」を選び、アテナを守護神に選んだ。以降、国の名前がアテナイという名になったのである。

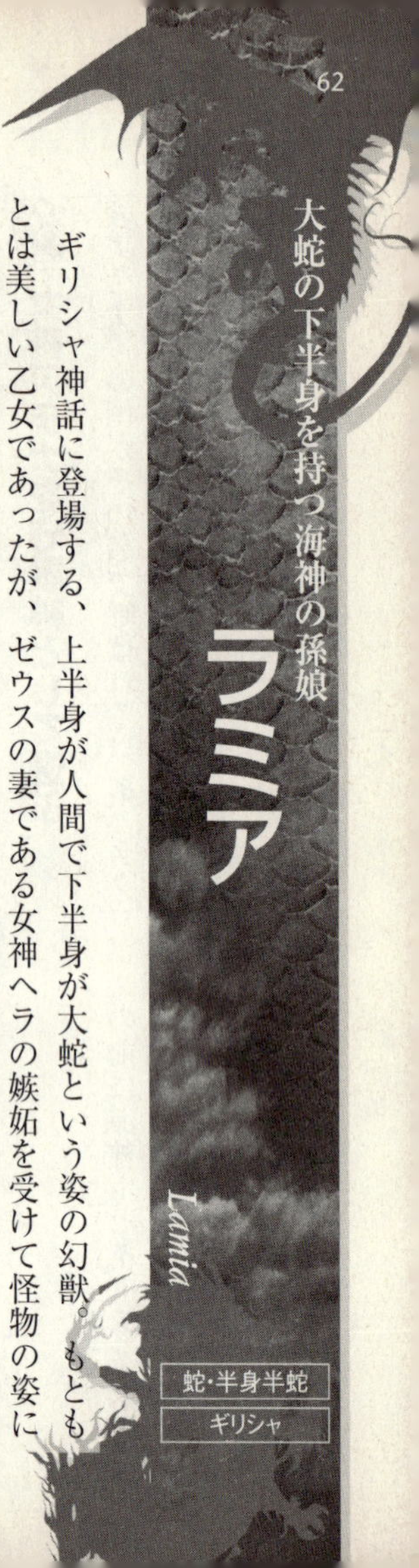

大蛇の下半身を持つ海神の孫娘

ラミア

Lamia

蛇・半身半蛇

ギリシャ

ギリシャ神話に登場する、上半身が人間で下半身が大蛇という姿の幻獣。もともとは美しい乙女であったが、ゼウスの妻である女神ヘラの嫉妬を受けて怪物の姿にされ、さらに眠れない呪いと〝生まれた自分の子供を喰う〟呪い（必ず死産する呪いとされることもある）をかけられた。

姿が変わると行動も変わる

本来は海神ポセイドンの孫（娘とする説もある。この場合はヘラの姪にあたる）にあたる血筋を持つ、由緒正しく美しい女性だったが、姿を変えられたラミアは、近隣の子供や旅人をさらっては食べる怪物となってしまった。それを哀れんだゼウスは、せめて眠れない呪いだけでも無効にしてやろうと、彼女の目を取り外すことができるようにしたという。

黄金の林檎を守る巨体の百頭竜

ラードーン（ラドン）

Ladon

蛇・多頭

ギリシャ

ギリシャ神話に登場する、百の頭を持つと言われる竜。〝ラドン〟とも呼ばれる。また、数々の怪物たちをも凌《しの》ぐ巨体を持ち、首を伸ばせば天まで届くとされていた。百の頭はそれぞれ異なる動物の声を発することが可能だったらしい。ラードーンの出自だが、大地母神ガイアが産んだ最強の怪物テュポーンと数々の怪物の母であるエキドナの間に産まれたという説、ガイアが単身で産んだという説などがある。

黄金の林檎の樹はガイアの贈り物

ラードーンは不死を誇り、眠ることなく〝ヘスペリスの黄金〟や〝黄金の林檎《りんご》〟と呼ばれる神々の林檎が盗まれないように守っていた。この林檎の樹は至高神ゼウスとその妻である女神ヘラが大事にしていたもので、黄昏を司るヘスペリス（天空を支える怪力の巨人・アトラスの娘たち）が管理していた。「なぜガイアの子孫が、

ガイアと争ったゼウスの宝物を守るのか」という疑問があるかもしれない。しかし、ガイアとゼウスは親子であり、ずっと争っていたわけではない。この黄金の林檎が実る樹は、もともとヘラがゼウスに嫁いだ際に、ガイアが贈ったものだ。だから、その守り手がガイアの子孫であることに不思議はない。

〝ヘラクレス十二の難事〟にも登場

完璧な番人と考えられたラードーンだが、実際は二回黄金の林檎を盗まれてしまっている。その一つは不和の女神エリスによるもので、詳細は記されていないものの、彼女がラードーンを出し抜いて黄金の林檎を手にしたことは確かとされている。また、もう一例は英雄ヘラクレスによるものである。〝ヘラクレス十二の難事〟のひとつとして数えられている逸話で、二種類の経緯が伝えられているが、「最終的にヘラクレスが黄金の林檎を手にする」という点は同じだ。片方はヘラクレスがアトラスに頼んで黄金の林檎を入手する話で、ヘラクレスとアトラスの騙し合いにヘラクレスが勝利するもの。もう片方は、ヘラクレスがラードーンを倒して黄金の林檎を入手するものである。

黄金の羊の毛皮を守る〝眠らないドラゴン〟

『アルゴ探検船の冒険』のドラゴン

The Dragon of 'ARGO Adventure'

蛇

ギリシャ

ギリシャ神話の冒険譚《たん》『アルゴ探検船の冒険』に登場する蛇のようなドラゴン。黒海の東岸部にあったと言われるコルキス国の奥地、聖なる森の大樹に打ち付けられた「黄金の羊の毛皮」を守るため、巨体を大樹に巻きつけ、決して眠らずに番をしていたという。何人もの勇者がこの黄金の羊の毛皮を入手しようとドラゴンに立ち向かったが、誰一人として倒すことができなかった。

魔法でドラゴンを眠らせる

アルゴ船に乗って冒険する若き王子イアソンは、このドラゴンが守る黄金の羊の毛皮を手に入れるべく、魔術に長けたコルキス国の王の娘メディアに助けを求める。巫女でもあったメディアの魔法で、ドラゴンを眠らせることに成功したイアソンは、見事、黄金の羊の毛皮を獲得するのだった。

軍神アレスに従う巨大な毒蛇

テーバイのドラゴン

The Theban Dragon

蛇

ギリシャ

ギリシャ南部の都市テーバイの近くの森で、軍神アレスの聖なる泉を守護する、とてつもなく巨大な姿をした毒蛇。金色の鱗（黒い鱗という説もある）に包まれ、三叉《みつまた》の舌と、三列に並んだ鋭く巨大な牙を持ち、口から猛毒を吐き出したという。

勇者カドモスの蛇退治

自分の国を作るという目的で新天地を訪れた勇者カドモスが、アテネ神への儀式のために従者に命じて近くの泉に水を汲《く》ませに行かせたが、アレスの聖なる泉を守る大蛇に従者を殺されてしまい、彼は怒って岩で蛇を打ち殺した。これに感心したアテネ神は大蛇の牙を地中に播《ま》くように神託を与え、カドモスがこれに従うと、地中から武装した男たちが飛び出してきた。彼らは互いに殺し合いを始めたが、最後まで生き残った五人がカドモスに忠誠を誓ったという。

多頭竜の代名詞となった沼の主

ヒドラ（ヒュドラー）

Hydra

トカゲ系・多頭

ギリシャ

猛毒を持つ多頭竜で、ギリシャ神話では最も有名なドラゴンのひとつ。ヒュドラーとも呼ばれる。この名前にはギリシャ語で〝水蛇〟という意味があり、その名の通り沼地を棲処とした。また、ヒドラは父にテュポーン、母にエキドナを持つエリート幻獣とも言える出自であり、それに見合った力を有していたのだ。

恐れられた不死の頭と猛毒

ヒドラは多数の首を持ち、その数は五から百まで諸説あるが、中央の首のみは不死である。加えて、首を斬り落とすとその断面から新たに二つの首が生えてきて、逆に首が増えていってしまうとされた。

また、この首以上に恐れられたのが、ヒドラの体内を流れる猛毒である。この毒には肉を腐らせる作用があり、触れれば神でも地獄の苦しみを味わったという。ある時期から、ヒドラが大都市であるアルゴスを支える水源の沼地に棲み着いたため、都市の住民は危機に陥った。この問題を解決したのは稀代の英雄ヘラクレスで、これが〝ヘラクレス十二の難事〟の二つ目に数えられる偉業となったのである。

栄光と死を運んだヘラクレスの毒矢

ヘラクレスは以前倒した〝ネメアの獅子〟の毛皮でヒドラの毒の息を防ぎ、首を斬り落とした部分は甥が持つ火で炙《あぶ》らせて、首が再生できないようにしてしまった。これによりヒドラは不死である中央の首を残すのみとなったが、ヘラクレスはこれを地中深くに埋めて巨大な石をその上に置き、封印した。そして、ヘラクレスは倒したヒドラの肝臓に矢を浸すことで強力な毒矢を手に入れ、その後の難事を乗り越えたのだ。

だが、ヒドラの猛毒はヘラクレスを助けるとともに、死ぬまで彼を悩ませた。ヘラクレスは毒矢を師匠であるケイロンというケンタウロスに誤射した。ケイロンは不死だったため地獄の苦しみを味わい、不死を返上して天上に昇ってケンタウロス座になった。また、ヘラクレス自身も晩年にヒドラの毒を含んだ衣服を着て身体が腐りはじめたため、自分の身体を山頂で焼かせてこの世を去っている。

怒れる海神の遣い

ペルセウスのドラゴン

Dragon of Perseus

ドラゴン

ギリシャ・エチオピア

海神ポセイドンのために働く怪物で、巨大な魚と鰐《わに》と、ドラゴンが混じりあったような姿をしていたと伝えられる。基本的に海中で活動し、船を沈めたり人間を丸飲みできるだけの体躯《たいく》、剣のように鋭く大きな歯と刺のような鱗《うろこ》を持っていたそうだ。さらに、津波を起こす能力があったとされている。

英雄に救われた王女アンドロメダ

このドラゴンは、エチオピアの王妃カシオペアが「私の美しさは水の精霊ネレイデス以上だ」と口にしたことが原因で現れた。ネレイデスたちがこの言葉にたいそう怒り、海神ポセイドンにこれを告げると、ポセイドンは「人間の慢心を懲らしめるため」にドラゴンを送り込み、エチオピアの沿岸で暴れさせたのだ。突如現れた怪物と海神の神罰によって、エチオピアは大混乱に陥った。エチオピア王がこの原

因について調べると、カシオペアの言葉がきっかけだということが判明した。それと同時に「娘である王女のアンドロメダを生贄《いけにえ》に捧げればドラゴンは去る」という神託を得て、国民のために泣く泣く娘を海岸の岩に鎖でつないだ。

このとき偶然にも、メドーサを倒した英雄ペルセウスがエチオピアに現れた。ペルセウスは岩につながれたアンドロメダを見て不審に思い、このような仕打ちを受けている事情を尋ねた。アンドロメダがペルセウスに事情を説明すると、ペルセウスはエチオピア王のもとに行き、アンドロメダとの婚姻を条件として、ドラゴン退治を買って出た。

もちろん、ペルセウスには勝算があった。彼は魔法の靴によって空を飛ぶことができたし、倒したばかりのメドーサの首を持っており、それは見た者を石に変えてしまう魔力があったからだ。ドラゴンがつながれた王女を飲み込もうと海から現れたとき、ペルセウスはドラゴンの眼前にメドーサの首を突きつけた。これによってドラゴンはたちまち石になってしまったため、アンドロメダとエチオピアは救われたのだった。

かつてはこのドラゴンの石像がエチオピアに存在していたとされるが、イスラム教徒の侵攻時に破壊されてしまったそうである。

ギリシャ神話の蛇属たち

ギリシャ神話には明確にドラゴンと判別することはできないが、身体の一部にドラゴンや蛇の特徴を具《そな》えた怪物たちが登場する。

ゴルゴンは髪の毛が蛇の怪物である。ステノー、エウリュアレー、メドーサの三姉妹で、その姿を見たものは石になってしまうという。なお、メドーサのみが不死ではなく、英雄のペルセウスに首をはねられて殺されてしまった。

また、エリニュスという女神も髪の毛が蛇だったとされる。この女神もゴルゴン同様三人おり、それぞれアレクト、ティシホン、メガイラという名前であった。三人とも醜い老婆の姿をしており、復讐を司っていたという。

地獄の番犬の呼称を持つケルベロスは、三つの頭の猟犬の姿をしており、背中に五十もの種類の蛇を生やし、尻尾にはなんとドラゴンの頭を持った異形の姿であると伝えられている。地獄に許可なく入ろうとするものや、逆に逃げ出そうとするものを見張っていると言われる。

蝮《まむし》の名を持つ竜の母親

エキドナ

Echidna

蛇・半身半蛇

ギリシャ

エキドナは、美しい女性の上半身と恐ろしく巨大な蛇の下半身を持つギリシャ神話の怪物だ。この〝エキドナ〟という名前はギリシャ語で蝮を意味しており、鱗を持つ怪物の中でも最も恐れられた存在のひとりだったことを示している。

神話で活躍した数多くの子孫

エキドナはギリシャ神話に輝く、数々の幻獣を生み出した母親でもある。百の竜の頭を持つというテュポーンとの間に、地獄の番犬ケルベロスや双頭の犬オルトロス、黄金の林檎《りんご》の守り手である多頭竜ラードーンなどをもうけ、息子であるオルトロスとの間や、ギリシャ神話で最も知られた英雄であるヘラクレスとの間にも数々の子孫を残した。彼女は百の目を持つ巨人アルゴスによって殺されたが、多産という武器によってその血脈を後世に伝えたのだ。

至高神ゼウスにも勝った竜頭の怪物

テュポーン

Typhon

蛇・多頭・半身半蛇

ギリシャ

大地母神ガイアが至高神ゼウスを倒すために生み出した、百の竜の頭を持つと言われるギリシャ神話最強の怪物。〝タイフーン〟の語源となったことでも有名である。テュポーンは星々にも届く背丈と世界の果てに届く腕、大蛇の下半身を持つ巨大な神で、一度はゼウスにすら勝利している。

今でもシチリア島の下敷きに

テュポーンはゼウスを捕虜にしたが、ゼウスは泥棒の神ヘルメスたちに救出されてしまった。そのため、ゼウスとの再戦にあたって運命の女神から〝すべての願いが叶う〟とされる勝利の果実を脅し取るが、騙された彼が手にしたのは〝すべての願いが叶わない〟無情の果実だったのだ。これによりテュポーンは破れ、ゼウスが投げた大岩の下敷きになった。これが現在のシチリア島なのだそうだ。

古代ギリシャ創世の蛇

オピーオーン

Ophion

蛇

ギリシャ

ボレアース、オピーネウスとも言う。古代ギリシャの詩人オルペウスの考えた、創世記に登場する世界を創った目のない蛇。その名は「海の老人」を意味する。創世記では、世界のはじめは大きな卵が一つだけあり、そこからオピーオーンが生まれ、その体から光と闇と愛が、その動きから熱や風が生まれたとされている。

さまざまに語られる太古の蛇

また、カオスから生まれたエウリュメの動きからオピーオーンが生まれたとされる神話もある。しかし、のちにエウリュメとオピーオーンは喧嘩をし、オピーオーンは牙を抜かれ頭を踏まれて地底においやられてしまう。また、キリスト教異端グノーシス主義の人々の一部は、この蛇と旧約聖書に登場するエデンの蛇を同一視し、世界を創世した偉大なる蛇として崇拝した。

死を予言されていた神託所の大蛇

ピュートーン（ピュトン）

Python

蛇

ギリシャ

ピュートーンはデルフォイという土地にある神託所を管理していた漆黒の大蛇で、大地母神ガイアの子供だ。予言の力を持つピュートーンは生贄《いけにえ》と引き換えにガイアの神託を人々に与えていたが、同時にガイアから「次に生まれる至高神ゼウスの子供（太陽と予言の神アポロン）に殺される」と予言されていた。

奪われた予言の神の座

ピュートーンはアポロンがいずれ自分の命と神託所を奪いに来ると考えていたが、よもや生まれたばかりの赤子が挑んでくるとは考えなかった。そのため、油断したピュートーンは、アポロンの矢によって射殺されてしまったのだ。その後、アポロンはピュートーンの皮を使って神託を得る道具を作ったという。なお、英語でニシキヘビを表すパイソンは、このピュートーンが語源である。

神託所を支配する蛇身の女神
デルピュネー
Delphyne

蛇・半身半蛇
ギリシャ

下半身が竜（もしくは大蛇）の姿をしていたと伝えられている女神。古いギリシャ神話の物語に登場し、デルフォイにある神託所を管理していたとされている。前述のピュートーンと混同されることも多く、デルピュネーの逸話もピュートーンの物語として伝えられているケースがあるようだ。

テュポーンの分身ともされる

デルピュネーはテュポーンから生まれたという話もある。テュポーンが至高神ゼウスを破って手足の腱《けん》を切って洞窟に幽閉した際、テュポーンは洞窟の番人として、自分の身体の一部を使ってデルピュネーを作り、警備にあたらせた。しかし、デルピュネーは泥棒の神ヘルメスとその息子である牧神パンに騙されてしまい、ゼウスを取り逃がしてしまったのだ。

鶏と爬虫類が混ざった奇妙な生物

バジリコック（コカトリス）

Basilicock

その他

フランス

雄鶏と蛇またはトカゲが融合したような姿で、後述するバジリスクから派生したものであるとされる。コカトリスとも呼ばれるこの幻獣は、「バジリスクとは雌雄である」とか、「単にバジリスクの異名だ」とする説もある。だが、バジリスクとは違って「雄鶏の鳴き声に弱い」という弱点はない。それどころか、このバジリコックは〝雄鶏が〟産む卵から孵化するとされている。つまり、非常に不自然で無気味な、しかも身近にいる怪物として恐れられたのだ。

死を呼ぶ怪物の視線

バジリコックは、バジリスクと同じく毒を持った視線（もしくは息）によってあらゆる生物を死に至らしめる（もしくは石にしてしまう）。人々は頻繁に鶏舎を掃除して、雄鶏が卵を産まないようによく監視していたという。

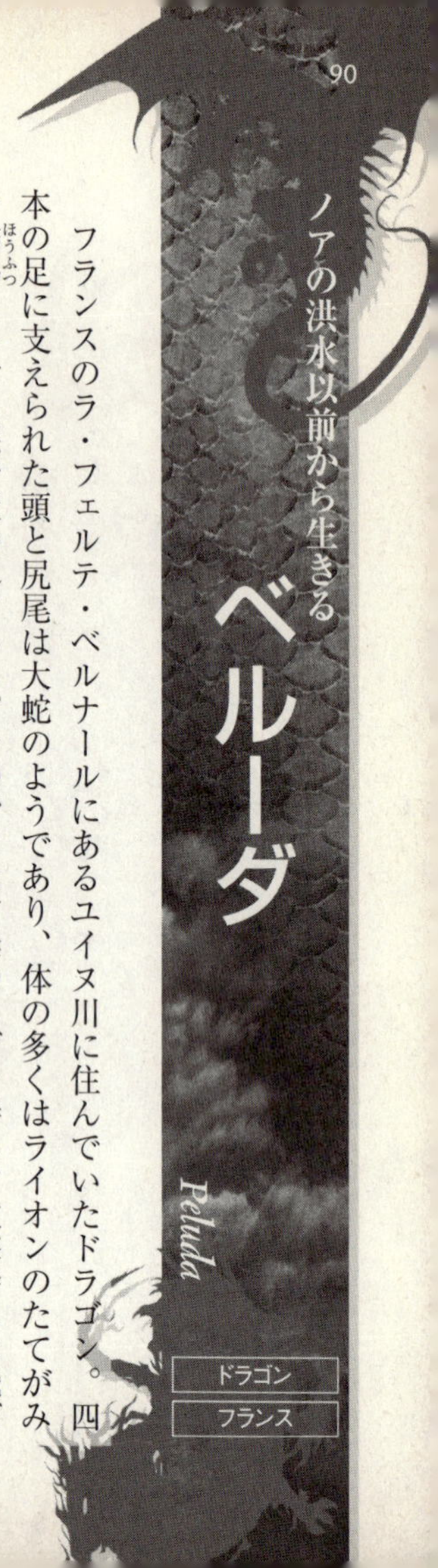

ノアの洪水以前から生きる

ベルーダ

Peluda

ドラゴン

フランス

フランスのラ・フェルテ・ベルナールにあるユイヌ川に住んでいたドラゴン。四本の足に支えられた頭と尻尾は大蛇のようであり、体の多くはライオンのたてがみを彷彿《ほうふつ》とさせる毛で覆われている。その背には有毒のとげを持ち、攻撃時には飛ばすと言われ、旧約聖書に描かれるノアの洪水以前から生きていたとされる。

勇敢な青年、恋人の敵を打つ！

口から毒のつばと火を吐きユイヌ川の一帯を荒らしまわったベルーダは、純粋な生き物が好物であり、とくに子供や乙女を好んで貪り食ったという。ある日も美しい乙女を食ったが、この乙女の恋人であった勇敢な青年ベルナルドは敵討ちを決意。ベルーダのねぐらを突き止め、急所である尻尾をまっ二つにして退治した。その後、死骸は村でミイラにされ、皆で祝ったと伝えられている。

富と権力をもたらす妖精

メリュジーヌ

Melusine

蛇・人頭蛇身

フランス

民間伝承やユアン・ダラスの『メリュジーヌ物語』に登場する、上半身は美女、下半身は蛇の姿の妖精。ブルターニュ伯のもとに美女の姿で現れて求婚し妻となったが、「日曜日には必ず沐浴《もくよく》するので、決して覗かないこと」という誓約を夫に破られて巨大な蛇の下半身を見られてしまう。領主は彼女を妻にし続けたが、二人の間に生まれた息子の気性が荒いのは彼女のせいだと罵倒《ばとう》したため、彼女は人間の姿を止めて正体を現すと、教会の塔を打ち砕いて姿をくらました。

お菓子になった蛇女

ブルターニュではメリュジーヌが町を去ったとされる日に祭りが開かれ、人魚のような姿の女性を木型で浮き彫りにした、「メリュジーヌ」という名の焼き菓子が屋台で売られていたという。現在は祭りも廃れ、木型が残るのみとなっている。

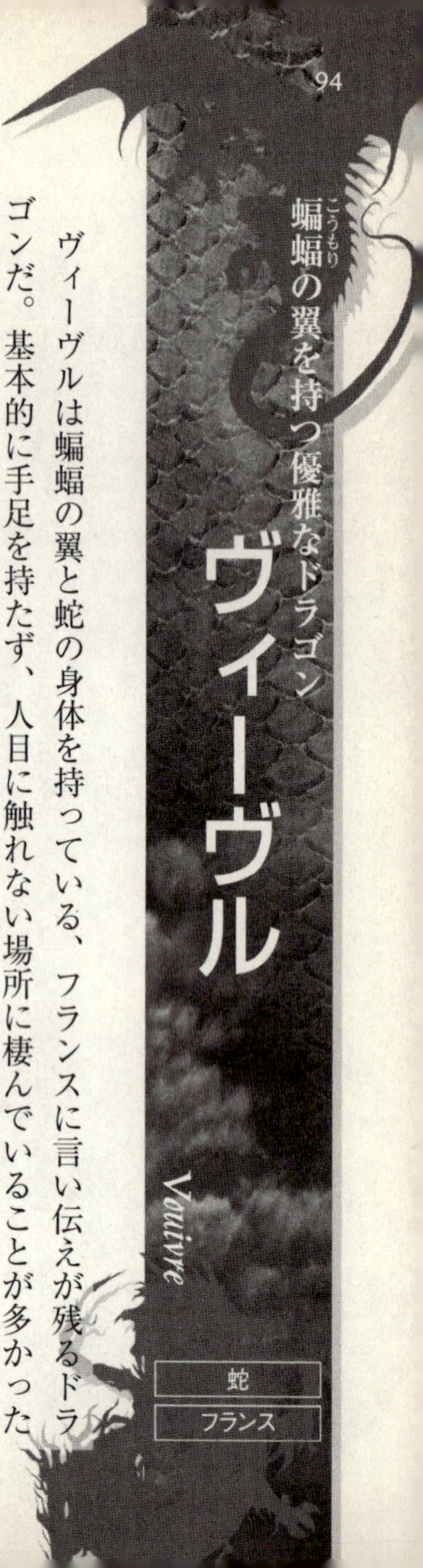

蝙蝠《こうもり》の翼を持つ優雅なドラゴン

ヴィーヴル

Vouivre

蛇

フランス

ヴィーヴルは蝙蝠の翼と蛇の身体を持っている、フランスに言い伝えが残るドラゴンだ。基本的に手足を持たず、人目に触れない場所に棲んでいることが多かったとされている。真偽は定かではないが、ヴィーヴルには雌しか存在せず、雄は一匹も確認されていないそうだ。ヴィーヴルの語源はラテン語で〝蝮《まむし》〟を意味する言葉であるとされる。

狙われる宝石の目

ヴィーヴルは目玉が宝石でできていることが特徴で、それは基本的にルビーやガーネットなど、赤い色をした宝石だった。なかには、蝸牛《かたつむり》の目のように、角状の突起の先に宝石がついていたとする言い伝えもあるようだ。また、額に目の代わりとなるダイヤモンドをつけているとする話もある。この言い伝えでは、ヴィーヴル

は水を飲むときだけ、このダイヤモンドを外して地面に置くという。その隙にダイヤモンドを盗むことができれば、大金持ちになれるだろうと人々は噂していた。ただ、それを実行できた者はついに出なかったようである。また、とある言い伝えでは、九つの干し草の束を用意しておき、ダイヤモンドを盗んだあとにその干し草の束の中に隠れれば助かるとされている。それは、ヴィーヴルは干し草の束を八つまでしか食べることができず、九つめを食べると腹が破裂して死んでしまうからなのだそうである。

精霊やワイバーンの原型

ヴィーヴルはワイバーンの原型ともされている。ヴィーヴルというフランス語を英語で発音しやすく変化させていき、やがてワイバーンという名前が生まれたそうだ。ドラゴンではなく、精霊にもヴィーヴルと呼ばれるものがいるが、この精霊はドラゴンのヴィーヴルが原型になって生まれたものと推測される。その姿は、蝙蝠の翼と鷲の脚、毒蛇の尻尾を持った半人半蛇の妖艶な美女だという。額にはガーネットがはめ込まれており、これを非常に大事にしていた。ガーネットを奪われると、所持者の言うことを聞かねばならないからである。

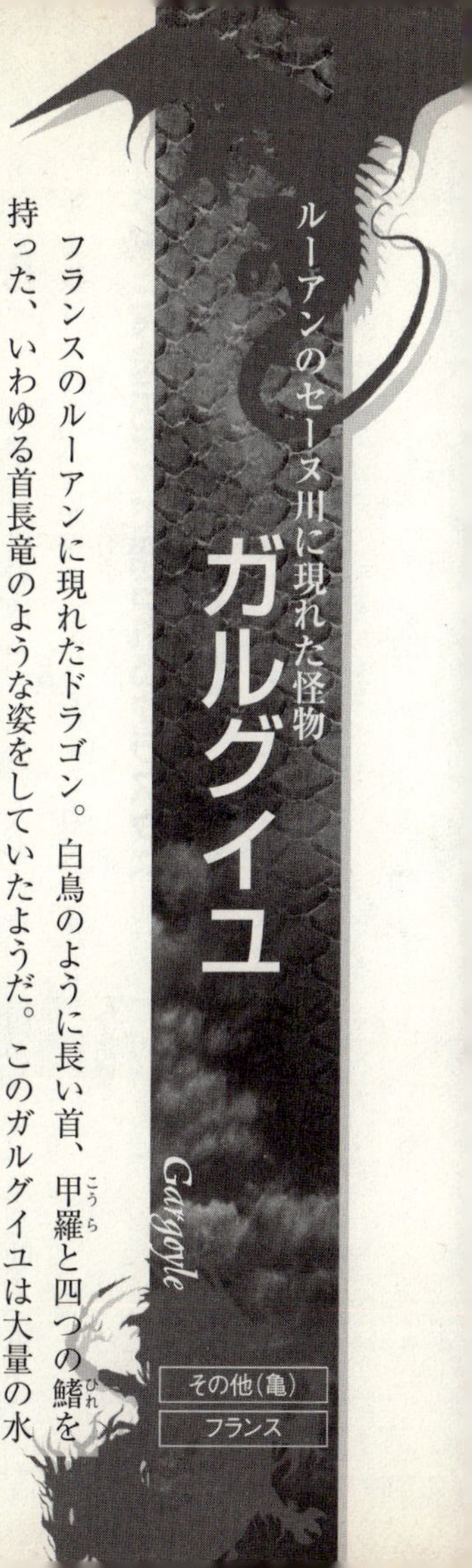

ルーアンのセーヌ川に現れた怪物

ガルグイユ

Gargoyle

その他(亀)

フランス

フランスのルーアンに現れたドラゴン。白鳥のように長い首、甲羅《こうら》と四つの鰭《ひれ》を持った、いわゆる首長竜のような姿をしていたようだ。このガルグイユは大量の水を吐き出して、近隣の農地を水没させて人々に害をなしていたが、ルーアンの大司教によって退治された。一説では、ガルグイユはかつて水を司る土着の神もしくは精霊で、キリスト教により怪物扱いされたのではないかと言われている。

ドラゴンから石像のモデルに

ガルグイユは、後に蝙蝠《こうもり》のような翼を持つガーゴイルという幻獣のモデルとなったとされている。ガーゴイルはフランスのノートルダム大聖堂などで雨樋の排水口などに取りつけられる彫刻にもなっているが、これはガルグイユが水と豊穣に関連したと言い伝えられた名残りではないかという説もあるようだ。

レヴァイアサンが生み出した怪物

タラスク

Tarsque

トカゲ系(ワニ)

フランス

フランス中部のローヌ川近辺に棲んでいたとされる水棲の怪物。もとはシリアに棲んでいたが、地中海を渡って川をさかのぼり、フランスにやってきたとされる。後述する海の怪物レヴァイアサンとロバの間に生まれたと言われ、ワニに似ており、人間を飲み込めるほど巨大だったという。体は甲羅のような硬い鱗に覆われ、六本足で蛇のように動く尻尾も持っていた。人を喰らい、口から毒の息を吐き、燃える糞を投げつけて人々を苦しめたと伝えられている。

『黄金伝説』で語られるタラスクス

キリスト教の聖人の物語を記した『黄金伝説』に、タラスクスのことを描いた話がある。そこでは、聖女マルタという女性が聖水などを用いて、凶暴なタラスクスをおとなしくさせて捕獲に成功したとされている。

人間サイズの小さなドラゴン

ピラトゥス山のドラゴン

The Pilatus mountain Dragon

ドラゴン・翼

スイス

スイスのピラトゥス（ピラタス）山に棲んでいたとされる、背中に翼を生やした小さなドラゴン。伝説のドラゴンの多くが巨体であるのに対し、このドラゴンは人間ほどの大きさしかなかったという。しかし、その性質は非常に凶暴で、火を吐いては近隣の住民の家や家畜などを焼き焦がし、人々を苦しめた。また、その血に触れたものは即死したという伝説が残されている。

ドラゴンの棲む山「ピラトゥス山」

現在でもピラトゥス山はドラゴンが棲む山として知れ渡っており、山を走るピラトゥス鉄道のシンボルマークにはドラゴンが使用されている。また、この山のドラゴン伝説をモチーフにした『ピラトゥス～ドラゴンの山（原題：Pilatus Mountain Of Dragons）』という吹奏楽曲も発表されている。

ヒッタイト人が畏れた海神

イルルヤンカシュ

Illuyankas

蛇

トルコ

ルヤンカスとも呼ばれる海を支配する凶暴な竜神であり、荒海や水害を象徴する存在とされる。嵐神プルリヤシュと争い、一度はその眼と心臓を奪い勝利するものの、敗れたプルリヤシュは女神イナラシュに助けを乞うた。それに応えて女神は、いくつもの瓶に酒を満たして竜神に捧げる儀式を行い、釣られて出てきた竜神は酒を飲み干し泥酔してしまい、嵐神に退治されてしまう。

八岐大蛇《やまたのおろち》伝承の原典とも

そのほかにも、嵐神プルリヤシュが自分の息子をイルルヤンカシュの娘と結婚させて、奪われた目と心臓を取り返して退治する話もある。一説によれば、前述の酒を飲ませて退治するという話が、インド・中国を経て日本に伝わり、スサノオによる、八岐大蛇伝承の原典になったとされている。

プリニウスの著書が伝える

双頭蛇

Amphisbaena

蛇・多頭

リビア

ローマ時代の博物学者プリニウスの著書『博物誌』において、アムピスバイナの名で紹介されている。これはギリシャ語で「二つの方向に進むもの」の意味を持ち、その名のとおり体の両端に頭を持つ毒蛇だという。リビア砂漠に棲むとされ、明るい緑色をした体には濃い緑色の斑点があり、体が切り離されても元に戻ると伝えられる。そうした性質から、力の象徴として紋章に使われることが多かった。

はたして双頭蛇の正体は？

恐ろしい魔物として伝えられた双頭蛇だが、生息地や成体で一メートルになるといった性質から、現在ではミミズトカゲ（ミミズヘビ）のことではないかと言われている。ミミズトカゲの属名は〝Amphisbaena〟とされているが、そのほかにも、マツカサトカゲやアオジタトカゲを指しているとの異論もある。

猛毒を持つ小さな爬虫類
バジリスク
Basilisk

トカゲ系
リビア

バジリスク（バシリスク）はアフリカ北部のリビア近辺で見られる、蛇またはトカゲ型とされる幻獣だ。トカゲ型とされる場合は六本足や八本足で表現されることもある。日本では、こちらのイメージの方がメジャーだろう。古代ローマに書かれた『博物誌』によると、バジリスクは猛毒を持つ毒蛇であり、その名前は「小さな王」を表すという。さらに、頭の後ろには王冠模様が浮かんでいるとされているが、この特徴は実在するコブラに通じるという意見もある。

蛇かトカゲか、小型のドラゴンか？

古代ローマでは蛇と考えられていたバジリスクだが、中世になるとトカゲやドラゴンのようなものとして描かれることが多くなっていった。同時に、バジリスクの姿は〝死〟を表す象徴としての意味を持つようになったそうだ。それは、人間が箇

105「西」のドラゴン

単に死に至るほどの猛毒をバジリスクが持つことに由来するとされる。

この猛毒に関しては、資料によって書かれている内容が異なっている。バジリスクの視線が毒を持っており、バジリスクに凝視されたりバジリスクの目を見た者が毒によって死亡する（または石になる）とされる記述がある一方、バジリスクが毒の息を発しており、周囲の空気が毒に満たされているとする記述もある。その毒は、草木を枯らせ、石すら砕くとする説もあるようだ。

意外に多い弱点の数々

非常に恐ろしいバジリスクだが、意外に弱点も多い。まず、バジリスクは自らの視線を鏡で跳ね返されることによって、自身が死ぬか、石になってしまうという。また、バジリスクは鼬《いたち》に弱いことも知られている。これは、鼬がバジリスクの凝視や毒気に耐えられることと、鼬の発する臭気がバジリスクを窒息させるためであると考えられたからだそうだ。また、雄鶏の鳴き声にも弱く、これを聞くと一目散に逃げ去るか一瞬で死んでしまったという。このため、北アフリカの砂漠を旅する際に鏡と鼬、そして雄鶏を用意すれば、少なくともバジリスクによって殺される危険は減少すると考えられていた。

物語の中のドラゴン③

トールキン世界のドラゴン

『指輪物語』などを残したイギリスの作家、J・R・R・トールキン。『指輪物語』は『ロード・オブ・ザ・リング』というタイトルで映画化もされ、三部作のすべてが世界的なヒットとなったことは記憶に新しい。

『指輪物語』をはじめ、トールキンが作ったファンタジーの世界は「中つ国」と呼ばれる太古の架空の地球を舞台にしている。この世界では人間のほかに、エルフやホビットといった亜人らも存在しており、オークやトロル、ドラゴンなども棲息していたとされているのである。

この『指輪物語』の前日譚を描いたものに『ホビットの冒険』という作品があるのをご存じだろうか。その中で、スマウグという邪悪なドラゴンが登場しているのだ。スマウグは巨大な蛇のような身体に、四本の足、赤みがかった金色の鱗を持っており、身体の中では火が燃えているという。ホビットの国を襲うなどし、非常に恐れられた存在だった。

聖人に倒されていったドラゴンたち

『黄金伝説』のドラゴン

Dragon of golden legend (legenda aurea)

さまざま

世界各地

キリスト教世界の書物では、ドラゴンは倒されるべき巨悪として表現されている。それは非キリスト教者の王など、支配者や権力者(特にキリスト教を異教とした古代ローマ)の比喩であることも多かったようだ。そのためキリスト教の聖人には、ドラゴンと対立的なかかわりを持つ者が少なくない。なかでも、聖ゲオルギウスのドラゴン退治は有名だろう。ヤコブス・デ・ウォラギネが書いた『黄金伝説』(聖人伝)には数々のドラゴンが登場するので、簡単に紹介していこう。

聖ゲオルギウスに倒されたシレナのドラゴン

聖ゲオルギウスと戦ったドラゴンは、多くの伝説や絵画として伝えられている。容姿は人々が思い描くドラゴン像そのもので、鋭い牙と毒の息を武器とし、硬い鱗に覆われた強敵だった。このドラゴンはリビアに棲んでおり、シレナ近くの湖を占

拠していた。ドラゴンはシレナの街に食料を求めにやってきて、食料を得られないと毒の息を吐きかけ、住民を病気にした。そこで、シレナの王はやむを得ず毎日羊を与えていた。しかし、羊が足りなくなると、籤《くじ》で選ばれた人間が餌《えさ》とされた。人間もどんどん減っていき、ついに王の一人娘である王女をドラゴンに与えねばならなくなったとき、カッパドキア（トルコ中央部）から来た騎士・ゲオルギウスがドラゴン退治を引き受けた。ゲオルギウスは馬上槍の一突きでドラゴンの戦意を喪失させた。ゲオルギウスはドラゴンを引き連れてシレナに戻り、「キリスト教に改宗すれば、ドラゴンを恐れなくて済むようになる」と伝え、王や住民は救国の英雄の言う通りに改宗を約束した。すると、ゲオルギウスはドラゴンを殺し、助けた王女を妻に迎えてシレナの王座についた。この伝説から、聖ゲオルギウスは騎士と戦の守護聖人として崇められるようになった。その後、十字軍による中東侵略の時代になると、従軍した兵士が「赤い十字の紋章を纏《まと》った聖ゲオルギウスが、軍勢を勇気づけるのを見た」ことから、イスラムの頑強な抵抗を撃ち破ったとする逸話が言い伝えられている。なお、聖ゲオルギウスは英語読みだと聖ジョージとなる。同名の聖ジョージはイギリスの守護聖人だが、その由来は百年戦争中、アザンクールの戦いで「イングランドは聖ジョージとともにある」と当時の国王ヘンリー五世が言ったことが由来だそうだ。現在も功労者に授与されるイギリスのガーター勲章は別名セントジョージ勲章と呼ばれており、その授与記録は約六百五十年分がウインザー城の〝セント・ジョージの間〟に家紋を掲げる形で残っている。また、赤い十字はイングランドの国旗にもなっている。

聖マルガレータの祈りに屈した牢獄のドラゴン

一方、聖マルガレータに倒されたドラゴンは、人間を噛み砕かずに飲み込めるほど大きかったと伝えられる。マルガレータはアンティオキアの神官の娘として生まれたが、キリスト教徒だった乳母の影響を受けて洗礼し、それが原因で生家から追われた。その後マルガレータは羊番として暮らすが、その美しさを知ったローマ帝国の長官が彼女を自分の館へ連れていき、信仰を捨てて自分と結婚するようにと迫った。しかし、マルガレータは頑にそれを拒んだ。腹を立てた長官は、ならばとマルガレータをドラゴンの棲む牢獄へと閉じ込めてしまう。マルガレータは巨大なドラゴンに一飲みにされたが、ドラゴンの体内で神に必死に祈り続けた。この祈りが届いたためか、ドラゴンの腹は裂けてしまい、マルガレータは生還することができた。しかし、武器もなくドラゴンを殺したことから、マルガレータは魔女と恐れられ、処刑された。その後、ドラゴンの体内から無傷で出てきたことが転じ、彼女は安産の守護聖人として崇められるようになった。

聖ドナトゥスの唾《つば》で死んだ巨大なドラゴン

また、聖ドナトゥスに倒されたドラゴンは、牛八頭がようやく牽引《けんいん》できるくらいに重く巨大な身体を持ったドラゴンだ。人間を襲って食べるうえ、泉に棲んで毒を分泌するために、飲料水を確保できなかったり、魚が死に絶えるという被害を与えていた。聖ドナトゥスは、まずドラゴンを挑発して泉から誘い出し、指で十字架を作ってドラゴンの動きを封じた。ドラゴンは聖ドナトゥスを飲み込もうと大きな口を開いたままだった。聖ドナトゥスはそこに唾を吐きかけると、唾がドラゴンに対しては猛毒となったのか、ドラゴンはそのまま死んでしまったという。

他にもいる『黄金伝説』のドラゴン

他にも、聖マルタが退治したタラスクスや聖マタイが追い払った火を吐く小さなドラゴン、聖シルウェステルが封じた疫病《えきびょう》を流行らせるドラゴンなど、『黄金伝説』はドラゴン物語の宝庫となっている。

慈悲深い山の女神

メルトセゲル

Merseger / Meretseger

蛇・人頭蛇身

エジプト

エジプト神話に登場する女神。メルセゲル、メルトセガーなどとも呼ばれる。蛇そのままの姿や、女性の頭でとぐろを巻いた蛇の体を持ち、さらには翼を持つ人頭蛇身の姿であるともされる。また、女性と蛇と禿鷹《はげたか》の頭を持っているという説や、ライオンの姿をしているとする説もある。

死と静寂を司る「西の女主人」

メルトセゲルという名前には「静寂を愛する女」などの意味がある。この〝静寂〟には「死」や「夜」といった意味が含まれており、墓場や太陽の沈む方向である西を守護すると考えられていたらしい。そのことから「死者の国の女王」や「西の女主人」という称号もつけられていたという。メルトセゲルは人々の悩みを聞き、死者たちの審判を行うことで、迷える魂を導いたと言われている。

悪しきもののみを倒す慈悲深い女神

ヴァジェト

Vaget

蛇・蛇頭人身

エジプト

古代エジプトで崇拝されたコブラの頭を持つ女神。ワージェイト、エジョ、ウジャトなどとも記される。ギリシャ語名はブト。「緑のもの」、「力強いもの」といった意味で「炎の偉大なるもの」と称されることもある。悪しきものの命だけを奪うという、強力な毒を持っているが慈悲深い神であり、伝承によればヘンシスの沼で隼《はやぶさ》の神ホルスの乳母になったとされる。

上下エジプト統一で国王の印に

ヴァジェトは元来、紀元前四千年頃から誕生しはじめた下エジプトの首都ペル・ヴァジェトを中心に信仰された守護女神であった。後に上エジプトと統一されると、上エジプトが信仰する禿鷲《はげわし》の女神ネクベトとともに、国王であるファラオを守護し悪を退ける女神として敬愛され、国王の印になったと言われている。

115「西」のドラゴン

太陽に恨みを抱く敵対者

アポピス

Apophis

蛇

エジプト

古代エジプトの太陽神ラーの敵対者であり、斑《まだら》模様の大蛇として描かれることが多い。アプペとも呼ばれる。原初の海という意味のヌン、または天を流れるナイル川の深みに棲んでおり、世界創造以前に姿を現したアポピスは太陽に特別な恨みを持っているとされる。それ故に、太陽の運行を妨害するのだ。

昼夜を問わないラーとの戦い

太陽神ラーは夜明けに船出をし、夕暮れに死を迎えて冥府への船旅をするとされていた。その航海中にアポピスはラーに戦いを挑み、ラーが苦戦をすると荒天になり、アポピスに飲み込まれると日食が起こるという。古代エジプト人は、死んだ人の魂はラーの船に乗って夜の航海を経て冥府へ旅立つと信じていたため、ラーがアポピスに敗れると、死者は天国に行くことができないと考えられていた。

世界最大級を誇る海のドラゴン

レヴァイアサン

Leviathan

ドラゴン

西アジア

レヴィアタンとも呼ばれる、ドラゴンもしくは蛇状の非常に巨大な生き物。伝えられている姿はさまざまであり、鯨《くじら》や鰐《わに》などがモチーフになっているとする説や、多頭であるとする記述も見られる。レヴァイアサンという名前には〝とぐろを巻いたもの〟という意味があるらしく、長い身体をしていたと思われる。その大きさは想像を絶するほどで、体長が五キロメートルほどある魚でも簡単に丸飲みにしてしまったそうだ。また『ヨブ記』によると、「口からは炎を噴き、鼻の穴から煙を出す」とされ、剣も槍も通じない鱗《うろこ》を持っていたと記されている。

さまざまな姿を伝えられる水の悪魔

レヴァイアサンはさまざまな神話や伝説で語られているが、アッカド神話の石板に書かれたものが最古のようだ。これによると、もともとの名前はリタン（ロタン）

またはシャーリートと呼ばれており、死の神であるモートの配下として日食や月食を起こす七つの頭を持つドラゴンとされている。しかし、このドラゴンは豊穣の神バールによって倒されたのだそうだ。ここで登場するバールとは、キリスト教で地獄の軍団を指揮する大悪魔のモデルになった神だ。本来は豊穣や太陽を司り、闇を作る怪物を退治した神であったものが、キリスト教布教の過程でキリスト教信者によって悪魔と定義づけられ、不当に貶《おとし》められたのである。

また、レヴァイアサンは河馬《かば》に似た巨大な幻獣であるベヒーモスと対で語られることもある。この場合は「レヴァイアサンとベヒーモスが、世界の終わりとされる〝審判の日〟に人々を滅ぼそうとする」と言い伝えられており、両者ともこのときに神によって打ち倒され、生き残った人々の食料になるとされている。ほかにも、レヴァイアサンがベヒーモスと雌雄（レヴァイアサンが雌、ベヒーモスが雄）であるとする記述もある。なおベヒーモスとは、『ファイナルファンタジー』シリーズなどファンタジー系のゲームなどでドラゴンとして表現されることのあるバハムート（とてつもなく巨大な魚のような怪物）の原型となった幻獣であり、地上の動物たちの王と呼ばれていた。

これとは別に、神は最初に雌雄のレヴァイアサンを創造したものの、一方のレヴァイアサンを殺してしまったという話もある。その理由は、レヴァイアサンのあまりの強大さから、その子孫が繁殖すると世界がレヴァイアサンの眷属《けんぞく》で埋め尽くされてしまうと考えたからである。また、レヴァイアサンは『ヨブ記』において「誇り高いすべての獣の上に君臨している」とも記録されている。この逸話には、言葉を尽くして讃えるほど強大なレヴァイアサンを簡単に始末できるくらい、神の力は偉大だと伝える意図があったのだろう。同じくキリスト教関連では『黄金伝説』に登場するタラスクスというドラゴンがいるが、これはレヴァイアサンの子供なのだとされている。

悪魔学では地獄の海軍大提督

中世以降になると、レヴァイアサンは悪魔として知られるようになり、世界を滅ぼそうと神に反逆する存在として描かれている。その地位は地獄の海軍大提督であり、七つの大罪のひとつである嫉妬を司るとされる大物だ。また、とんでもない大嘘吐《つ》きであり、世界をまたにかけて旅行をする者を狙って取り憑き、詐欺の方法を吹き込んだりしたという。太古の神話では相争っていたレヴァイアサンとバールも、キリスト教では仲よく悪魔扱いとなっているのだ。

さまざまな書物に描かれる恐怖の象徴

ラハブ

Rahab

不明

西アジア

〝嵐〟や〝傲慢〟、〝凶悪〟といった意味を持つ海の怪物であり、ラハム、ラカムなどとも呼ばれる。アッカド人の記した『創世神話記』では、すべての神を生みだした地母神ティアマトが生んだ十一匹の怪物の一つとされる。また『旧約聖書』の「ヨブ記」第二十六章第十二節にも登場し、こちらではユダヤ・キリスト教における唯一神であるエホヴァに打ち倒されている。

姿形は謎に包まれたまま……

ラハブの姿について描かれた記述は残されていない。アッカドなどのオリエント文化圏では、海の恐怖を前述のイルルヤンカシュのようにドラゴンとして表現しており、こちらもそうではないかと推測されている。一方、『旧約聖書』におけるラハブは、信仰の脅威であったエジプト王国だと解釈されることもあるのだ。

悪魔

Devils

その他
世界各地

「悪魔」とは人を堕落に導き、そして神と対峙する存在であるとされる。一般的には西洋世界の悪魔たちが有名であるが、ほかにもゾロアスター教の〝暗黒神〟アンラ・マンユや、イスラム教のイブリース、バビロニアの〝風の魔王〟パズズ、インドの叙事詩『ラーマーヤナ』に登場するラーヴァナやアスラ族、ロシアの伝説に残る〝黒い神〟チェルノボーグなど、さまざまな「悪魔的存在」が世界各地に伝説として残されている。天使や神が天界に住むとされる一方、悪魔は地獄や魔界にその身を置くとされ、神や天使らと戦い、また人間からは非常に恐れられた。その姿はさまざまで、中にはドラゴンと認識できるものもあったという。

西洋の世界においてドラゴンは悪魔の使い、または悪魔そのものとして恐れられていた。『新約聖書』の最終章である『ヨハネの黙示録』（キリスト教の司徒ヨハネが啓示を受けて記したとされているもの）には、世界の終末に起こるとされる出来事が記述されており、そこには世界の終わりに際し、神の司徒たる天使と悪魔が戦い合う様子が描かれている。ドラゴンは邪悪な悪魔の軍団を率いて、天使ミカエルの天使軍と激戦を繰り広げるのである。

また、古代イスラエルの王であったソロモンが封じ、使役した「ソロモン七十二柱の悪魔」もドラゴンと深く関係している。ソロモン王が記述したとされる魔術書『レメゲトン』（『ソロモンの小さな鍵』ともいう）によると、彼らは悪魔の中でも爵《しゃく》位《い》を持ち、それぞれ己《おの》が軍団を率いる軍団長であったとされる。悪魔の中にはドラゴンと共に戦場に現れ、ドラゴンに騎乗して戦ったものもいたという。

終末に現れる獣「黙示録のドラゴン」

『ヨハネの黙示録』に登場する、最終戦争の際に出現するとされるドラゴンである。反キリストの象徴となる獣の数字「６６６」を持つ〝黙示録の獣〟とも呼ばれる。その姿は七つの頭に七つの王冠をかぶり、十本の角を持つ赤いドラゴンとして描かれている。尾の一振りで天の星を三分の一も叩き落とすことができるほどの恐ろしい力を持ち、天使らを苦しめたのだが、最終的には天より追い落とされ、地獄の底へと投げ込まれてしまうのだった。

七つ首の「黙示録のドラゴン」(左)、十二枚の翼の「サタン」(左中央)、ドラゴンの姿の「ブネ」(右上)、ドラゴンに乗る「アスモデウス」(右中央)、女性体の「アスタロト」(右下)。

正体不明の悪魔の王「サタン」

『ヨハネの黙示録』の第十二章に、「この巨大な竜、年を経た蛇、悪魔とかサタンとか呼ばれるもの」と記されているものこそが、悪魔の王と目されるサタンである。前述した〝黙示録のドラゴン〟と同一のものであると解釈される場合もあり、また、かつては天使で「十二枚の翼を持つ大いなる蛇」だったとする説もある。天使のサマエルや堕天使ルシファー、悪魔のベルゼバブと同一視されることも多く、その実態は不明である。

ドラゴンに乗る三つの頭の悪魔「アスモデウス」

「ソロモン七十二柱の悪魔」の一柱。アスモダイ、アシュマダイなどとも呼ばれる。人間の色欲を操り、乙女を淫乱にするというまことにけしからん悪魔である。地獄の王の中でも最上位階級に属し、人間の男の体と頭、雄牛、雌山羊（もしくは雌羊）の三つの頭と、雄鶏の足（もしくは水かきのついた足）、蛇の尾を持つと言われる。常にドラゴンにまたがり、手には軍旗と槍（毒槍）を握り、口からは炎を吐き出すのだという。もともとは天界の最上階級〝熾天使《してんし》〟であり、堕落して悪魔になったという説もある。

地獄の大公爵「アスタロト」

アスモデウスと同じく、ドラゴンにまたがり地上に現れるとされる悪魔の大公爵アスタロト。「ソロモン七十二柱の悪魔」の地獄の王の一柱を担っており、怠惰と不精を司っている存在だ。地獄では西方地域を支配し、四十の軍団を率いているという。その姿は非常に醜く、片手に蛇（マムシ）を握り締め、とてつもない悪臭（毒息）を口から発しているのだとされている。また、それとは逆に非常に美しい女性の姿をしているという説もあり、その場合は同じく悪魔の王の一柱であるバールの妻であるとも言われている。

ドラゴンの姿をした悪魔「ブネ」

地獄では三十の軍団を率いる「ソロモン七十二柱の悪魔」の一柱。人間と幻獣のグリフィン、それに犬の三つの頭を持った銀色のドラゴンの姿をしている。会話術に優れ、死の呪文を操るとも言われる。また、墓場に埋められた死体を操り、起き上がらせて歩かせることもできるという。

オリエント圏のキメラ

ムシュフシュ

Mushussu

その他

イラク

シュメール語で「怒れる蛇」の意味の名を持つ怪物。鱗に覆われた胴体は前脚がライオン、後脚は鷲になっており、背中から翼が生え尻尾は蛇である。ギリシャ神話に登場するキメラと同様、数種の動物をかけあわせた姿は一種の聖獣として扱われていて、バビロンのイシュタル門にその容姿が浮き彫りにされていた。

時代とともに変わる姿

バビロニアの創世神話『エヌマ・エリシュ』においては、地母神ティアマトが生んだ十一匹の怪物の仲間として登場する。その後神々の乗獣・随獣《ずいじゅう》となり、戦いの神であるティシュバク神を皮切りに数々の神に仕えた。また、初期に描かれたムシュフシュは鱗のある胴体に獅子の頭を持っていたが、時代とともに蛇頭となり、ツノが生え、獅子と鷲の足を持ち、サソリの尾になるなど変貌《へんぼう》している。

神々との戦いを宿命づけられた魔物

ムシュマッヘー

Mushmahhu

蛇・多頭

イラク

バビロニアの創生神話である『エヌマ・エリシュ』に描かれる七つの頭をもつ巨大な蛇。同神話において原初母神であるティアマトーが伴侶の男神アプスーを殺された際に、主神マルドゥークをはじめとした神々へ復讐の戦いを挑むために生んだ、十一匹の魔物のうちの一匹である。

獰猛・残酷な七頭蛇、その戦いは……

ムシュマッヘーは鋭利な牙を持ち、その性格は徹底的に残酷であったと言われる。そうしたことから、体には血ではなく毒液が満たされていたと伝えられているのである。しかし、『エヌマ・エリシュ』のなかでは実際に神々たちと戦った記述はほとんどなく、ティアマトーが最強の武神マルドゥークによって敗れると、彼に捕らえられてしまったという。

英雄に滅ぼされた原初の女神

ティアマトー

Tiamato

ドラゴン・多頭

イラク

ドラゴンの姿で描かれることが多い、バビロニア神話（アッカド神話）の原初の女神。数多くの神々や怪物の母親であると同時に、水の神アプスーの妻である。死後は死体が人間の住む世界そのものになったと言い伝えられた。

怪物の大軍団を率いる女神

人間の住む世界が完成する以前に、ティアマトーは子孫である神々と戦った。その理由は、夫のアプスーと霧の神ムンムーにあった。アプスーは自分とティアマトーの間に生まれた子供やその子孫が増え過ぎて騒々しく、言うことを聞かないようになったため、これをどう解決したらいいかとムンムーに相談した。するとムンムーは、神々を皆殺しにすることを提案したのだ。アプスーはティアマトーの反対にもかかわらずこの計画を進めようとしたが、先手を打った知恵の神エア（アプスーの

玄孫《やしゃご》＝孫の孫にあたる）によって殺されてしまった。

アプスーが殺された後に神々がさらに増長しだすと、ティアマトーは怒り狂って次々と怪物を生み出し、自らも七つの頭を持つドラゴンの姿となって彼らを滅ぼそうとした。怪物の大軍団を見て恐れをなした神々は、戦いを避けようと協議した。そして、ティアマトーの孫にあたる天の神アンシャルが代表となって平謝りしたものの、結局その怒りを鎮めることはできなかった。

その亡骸が世界となった

戦いになると神々は、武勇自慢の英雄神マルドゥークを頼った。そこで彼は神々の頂点となる王座を要求し、引き換えに参戦することになった。ティアマトーの怪物たちは次々とマルドゥークに討たれ、ティアマトー自身も魔術戦で劣勢となる。マルドゥークは風の神としての力を使って、ティアマトーの口の中に大量の風を送り込んだ。これにより口を閉じられなくなったティアマトーは、風圧で大きく腹が膨れたところに矢を撃ち込まれ、心臓を貫かれて死んでしまった。マルドゥークはティアマトーの身体を引き裂き、片方を天空、もう片方を大地にした。さらに砕いた頭蓋骨を星々にして人間の住む世界を作ったという。

物語の中のドラゴン④

ヒロイック・ファンタジーのドラゴン

ヒロイック・ファンタジーとは架空の世界を舞台にしたファンタジー作品のことを示す。『英雄コナン』シリーズなどを著したロバート・E・ハワードが創始者と言われるこのジャンルは、神話のないアメリカにとっての神話的な存在と呼ばれ、一九五〇年代に爆発的な人気を博した。ファンタジー世界を舞台とするだけに、多くの作品の中にドラゴンが登場している。

リン・カーターの『レムリアン・サーガ』シリーズでは、額に角を持った巨大な蛇オプや、女の顔の大蛇スロルグ、大河の底に潜む巨大なドラゴンのポアなどが登場し、その魅力的な物語世界に彩りを与えている。

また、マイケル・ムアコックの『エルリック・サーガ』シリーズでは、主人公である若き王子エルリックが治める土地に多くのドラゴンが棲息しているとされる。過去にはドラゴンを使役した強大な帝国が、世界を支配下に置いていたという設定だった。

暗黒神が生み出した「最強の邪悪のもの」

アジ・ダハーカ

Adi Dahhak / Azi Dahhaka

ドラゴン・多頭

イラン

ゾロアスター教の暗黒神「アンラ・マンユ」が生み出した邪悪なドラゴン。古代メソポタミア地方のバビロンにあったと言われる「クリンタ城」を居城とし、その姿は三つの頭に、三つの口、六つの眼を持ち、全身は剣を弾く硬い鱗を備えていたという。三つの口からは毒息や炎を吐き出し、千の魔法を駆使し、人々を苦しめたと言われている。また、頭や首、心臓を棍棒《こんぼう》で叩かれても死ぬことはなく、剣で切られた場合はその傷口から、蛇やトカゲ、サソリなどの有毒の害虫や動物を吐き出したという。

ゾロアスター教の聖典『アヴェスタ』には、アンラ・マンユと対立する光明神「アフラ・マズダ」の子供「アータル」（火の精霊）との戦いが記されている。その中でアジ・ダハーカは「光輪」という〝所持すれば大地を支配できると信じられた力〟を巡って、アータルと争った様子が描かれており、アータルが「光輪」に手をかけ

ようとすればアジ・ダハーカがアータルを恫喝《どうかつ》し、逆にアジ・ダハーカが「光輪」を手中に収めようとすれば、今度はアータルがアジ・ダハーカを威嚇《いかく》し、とお互い手を出すことができなかったとされている。結果的には、「光輪」は海に漂着してアパム・ナパートという神が入手したという。

『王書（シャー・ナーメ）』でのアジ・ダハーカ

また、古代ペルシアの英雄叙事詩『王書』では、後述する〝蛇王〟ザッハークがアジ・ダハーカに化けていたとされ、ファーリードゥーンという英雄と戦ったことが記されている。ファーリードゥーンは正体を現したアジ・ダハーカに立ち向かうも、硬い鱗によって剣の刃は欠け、着ていた鎧はアジ・ダハーカの吐く毒息で腐っていき、さらには魔法攻撃を受け、苦境に立たされた。

その後の展開は諸説あり、ファーリードゥーンが刃の欠けた剣でアジ・ダハーカの心臓を貫いて倒したというパターンと、剣で切られたアジ・ダハーカの傷口から出てくるサソリなどに苦しめられ、結局退治することができず、ダマーヴァンド山の洞窟に運んで鎖で何重にも縛って幽閉した、というパターンがあるという。どちらにせよ、凶悪なドラゴンであったことに間違いはない。

英雄譚《えいゆうたん》に登場する巨大なドラゴン

カシャフ川のドラゴン

The Dragon of Kashaf

ドラゴン

イラン

ペルシアの民族叙事詩『王書』に記述のある巨大なドラゴン。カシャフ川に棲み、その大きさは国と国をまたいで越えてしまうほど長く、山々を渡るほどの太さがあったという。両目は血の湖のようで、蛇に似た首には黒いたてがみが生え、口には鋭い牙が並んでおり、さらにその口からは水では消すことのできない炎と、大地を侵す毒が吐き出されたと言われている。カシャフ川の周辺の生物をすべて喰い尽くし、退治に来た戦士たちすらもその腹に収めてしまったという。

英雄〝一撃のサーム〟のドラゴン退治

その話を聞き、サームという英雄がドラゴン退治に参戦する。サームはなんと剣の一振りでドラゴンの頭を割って、倒してしまったという。そのため、それから「一撃のサーム」と呼ばれるようになったとされる。

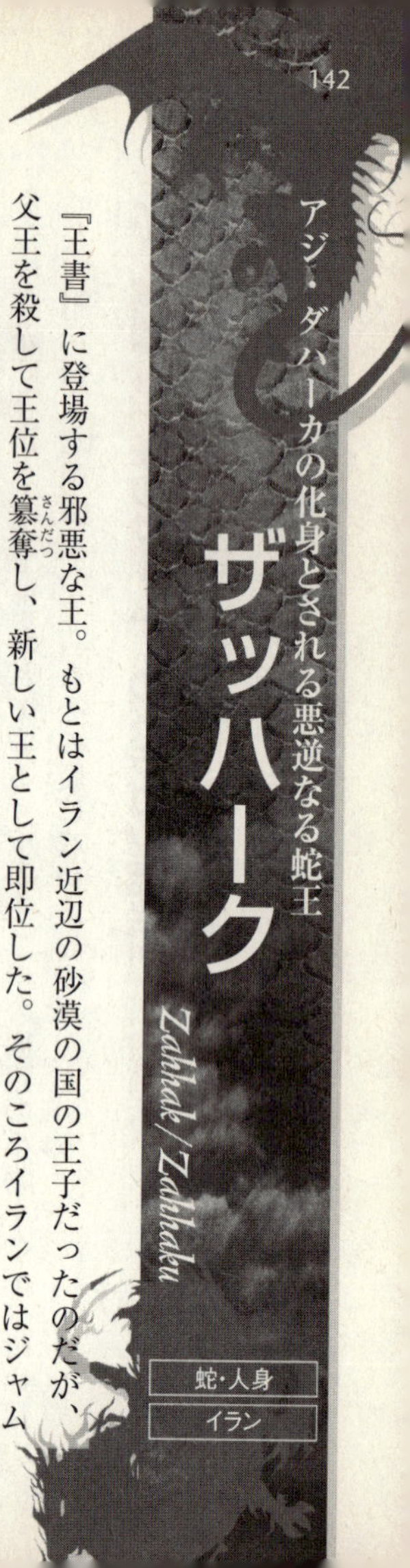

アジ・ダハーカの化身とされる悪逆なる蛇王

ザッハーク

Zahhak / Zahhaku

蛇・人身

イラン

『王書』に登場する邪悪な王。もとはイラン近辺の砂漠の国の王子だったのだが、父王を殺して王位を簒奪《さんだつ》し、新しい王として即位した。そのころイランではジャムシードという四代目の王が人心を失っており、ザッハークはその期に乗じてジャムシードを殺し、英明な王としてイランを支配下に収めてしまうのだった。

その正体は邪悪なる王！

しかし、英明な王と思われたザッハークは、実は両肩から蛇を生やした怪物であった。その二匹の蛇は毎日一人ずつ、合計二人の人間の脳を喰らっていたという。その暴虐な治世はなんと千年もの長きに渡り、多くの人民がザッハークのいけにえとなっていった。また、ザッハークは前述したアジ・ダハーカの化身とされ、最後には英雄に退治されたと語られている。

七つの頭を持つ人喰い獣

キリム

Kirimu

不明・多頭

コンゴ

コンゴ（ザイール）に棲む人喰いの怪物で、七つの頭と七つの角、七つの目があるという奇妙な姿をしている。詳細は明らかではないが、非常に大きく重い身体で、犬のような牙と鷲《わし》のような尾を持っているという。森の中に棲んでおり、迷い込んだ人間や動物を補食しているが、空腹時に適当な獲物が見つからないときには村の家畜や人間を襲って食べたそうだ。

勇者に倒され、繁栄の源に

このキリムは、当地の少数民族ニャンガ族の伝説にも登場する。この伝説ではムウィンドという勇者がキリムを退治し、その腹を裂くと今までキリムに食べられた人々が飛び出してきたという。さらに、キリムの目玉の汁から数多くの人間が生まれ、ムウィンドは大きな部族の長になったと言い伝えられている。

どんな生物も眠らせる

アスプ

Asp

蛇

アフリカ

プリニウスの『博物誌』において、アフリカ北東部に生息すると紹介されているコブラに類した蛇の一種。その視線に見られただけで、どんな生物も眠ってしまうという。くわえて猛毒を持つと記されており、その毒性は噛まれた部分を切り取るしか助かる方法がないというほど強力なものであった。エジプトの女王クレオパトラは、アスプに胸を噛ませて自らの命を断ったとも言われている。

万難を拝して復讐を遂げる

また、アスプはとてつもない復讐心を持っていることでも有名である。普段は雄雌のつがいで暮らしているが、もしも一方が他の動物の餌食などになってしまったとしたら、残された方はいかなる障害も乗り越えて敵を追い続け、必ず復讐を成し遂げると伝えられているのだ。

ネイティブ・アメリカンに伝わるドラゴン？

ピアサ

Piasa

ドラゴン
アメリカ

ネイティブ・アメリカンのイリニ族に伝わる伝説のドラゴン。体長は十メートル近くで、全身と四本の足は赤・黒・緑の三色の鱗に覆われていたという。さらに足には黒い鉤爪《かぎつめ》が生えており、頭には鹿に似た角、長い尾は二つに分かれ、幅五メートルある翼で空を舞って人々を恐怖に陥れた。ピアサという名前には「人をむさぼり喰う鳥」という意味があり、イリニ族の人々を捕まえては残虐に引き裂いて食い殺したと言われる。だが、最後は勇敢な戦士に倒されたという。

彫刻で発見された龍鳥

ピアサは一六七三年、探検家ルイス・ジョリエットとマルケット神父がイリノイで発見した壁画に描かれていたものである。現地の案内人からその恐るべき存在を知った二人は、記録に残して後世に語り継いだのだった。

アステカ神話とキリスト教のハイブリッドドラゴン

カンヘル

Canhel

不明

メキシコ

カンヘルは、キリスト教により改変されたアステカの伝承に登場するドラゴンだ。それによると、世界のはじまりに現れたドラゴンであり、東西南北それぞれの世界の果てに棲んでいるとされている。一説によると、世界の誕生以前に神がセルピヌスというカンヘルを作り、セルピヌスが他のカンヘルたちに洗礼を行ったという。その後、カンヘルたちは聖なる言葉で世界を創造したそうだ。

征服と改宗に利用された伝承

〝カンヘル〟とは、もともとは蛇を象《かたど》った杖のことを指す言葉だった。この杖はアステカの王や神官が持つもので、権威と神の加護を象徴していたとされている。スペイン人はこれを利用してアステカ族をキリスト教に改宗させようと、聖書のエピソードをアレンジしてカンヘルというドラゴンの伝説を創作したのだ。

人々に愛された蛇神
ケツァルコアトル
Quetzalcoatl

蛇・翼
メキシコ

ケツァルコアトルはアステカにおける農耕や文化、風や水を司る神だ。また、創造神や金星の神として崇められたりもしており、時期や地域によってその役割は異なっていた。ケツァルコアトルという名前は、アステカの言葉である古代ナワトル語（ナワトル語自体は現在でもメキシコの一部で使われている）で〝羽毛のある蛇〟を表しており、その名の通り蛇の身体と鳥のような羽を持った蛇神である。マヤではククルカン、またはグクマッツという名で崇められていた。

民族とともに追放された神

このケツァルコアトルはアステカの地で主に信仰された神であった。だがあるとき、ケツァルコアトルは兄弟であり軍神である、テスカトリポカによってアステカを追われた。それは、ケツァルコアトルが生贄《いけにえ》の風習を廃止させようとしたことが

原因だという。テスカトリポカはケツァルコアトルを酒の魔力で堕落させ、その信望を失なわせてまんまと追放することに成功した。ケツァルコアトルはもともとトルテカ族の主神で、後にアステカ神話に取り入れられたとも言われているため、このできごとはアステカ族によってトルテカ族がアステカの地を追われた史実にも符合する。このとき、トルテカ族はマヤの地に移動した。同時期あたりのマヤで、ケツァルコアトルがククルカンとと呼ばれて崇拝されはじめていたのは偶然ではなく、この民族移動の影響があったと考えられるだろう。

滅亡を呼んだ帰還の予言

なお、テスカトリポカによってアステカを追われたケツァルコアトルだが、彼はこのときに人々に対して自分が復活する年を伝えて去ったという。その年が、偶然にもスペイン人の侵略者であるコルテスらがメキシコにやってきた年、一五一九年と重なった。ケツァルコアトルは人間の姿をとることもあり、その場合は白い肌と黒髪を持った王者といった容姿をしていたのだ。このため、ケツァルコアトルの特徴と同じ白い肌を持つスペイン人たちを警戒せず、アステカは簡単に滅ぼされてしまったとされている。

爬《は》虫《ちゅう》類の姿を持った悪霊

チャク・ムムル・アイン

Chac Mumul Ain

トカゲ系（ワニ）

メキシコ

チャク・ムムル・アインは、イツァ語（中米のマヤ語族に属する言語）で〝鱗に覆われたワニ〟という意味を持つ悪霊だ。〝悪霊の鮫《さめ》〟という意味を持つチャク・ワヤブ・ショクという悪霊とともに、アステカに災いをもたらすと信じられた存在で、実際にどのような姿をしていたのかはわかっていない。河口や海辺に棲んで人を傷つける悪霊だということしかわからないのである。

予言書に残る災厄の姿

このチャク・ムムル・アインの災いが記録されているのは、イツァ族の予言者であるチラム・パラムが書いた『チラム・パラムの予言書』である。チラム・パラムはスペインの侵略後にローマ字でこの書物を記したが、アステカに降り注いだ災いとは、スペイン人の侵略そのものではないかとも言われている。

古代マヤ族の最高神

イツァム・ナー

Itzamna

蛇・人頭蛇身

メキシコ

マヤ神話で世界を創造した神ウナブ・クーの子で、あらゆる役割を担った完全なる善意の最高神である。イツァム・ナーはその役割によって名前と姿を変えるようであり、老人の顔をした蛇体の姿であったり、鷲鼻の歯のない老人の姿であったり、頭が二つあるワニや蛇であったり、口からドラゴンを出している老人の姿であったりと、写本や建築物の彫刻にさまざまな姿で描かれていたという。

四つの名前を持つ蛇神

イツァム・ナーは主神「イツァム・ナー・ガブル」、太陽神「イツァム・ナー・キニチ・アハウ」、豊穣神「イツァム・ナー・カウイル」、雨神「イツァム・ナー・トル」という四つの役割と名前を持つ。また、人々に文字やカレンダー学、薬学などを教え、トウモロコシやカカオの作り方を伝授したとも言われている。

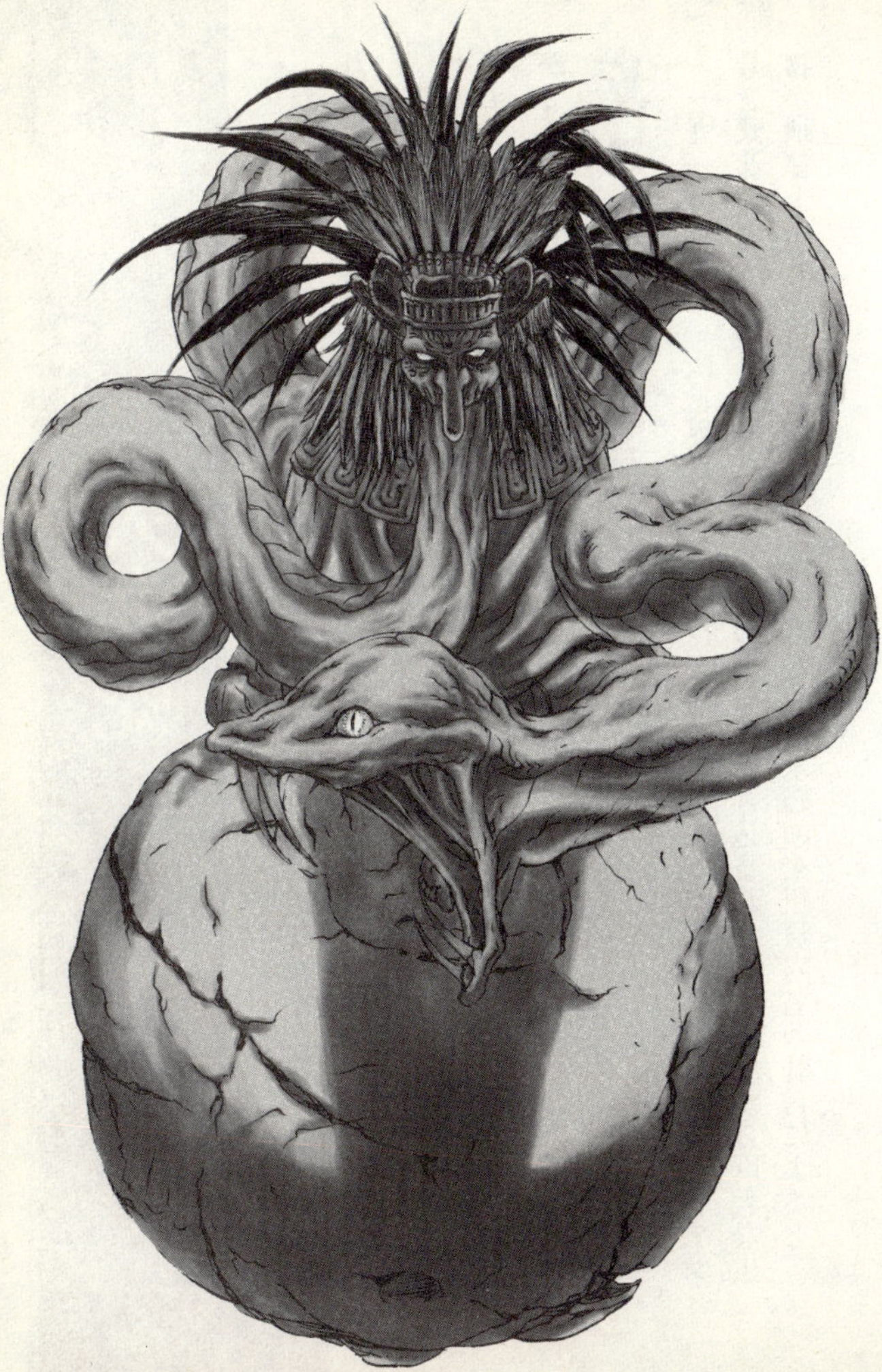

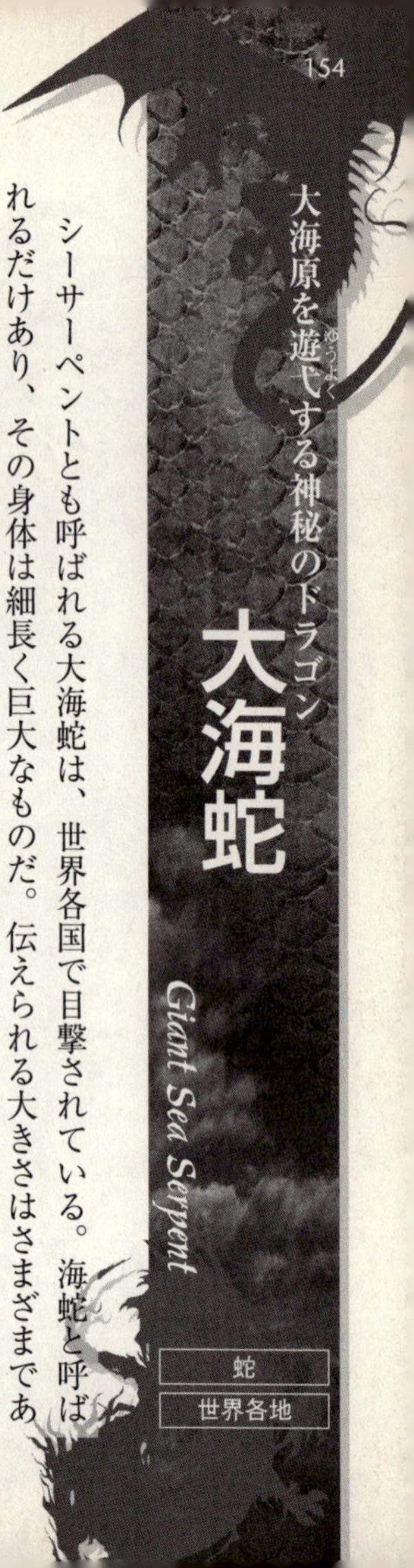

大海原を遊弋《ゆうよく》する神秘のドラゴン

大海蛇

Giant Sea Serpent

蛇

世界各地

シーサーペントとも呼ばれる大海蛇は、世界各国で目撃されている。海蛇と呼ばれるだけあり、その身体は細長く巨大なものだ。伝えられる大きさはさまざまであり、数メートルから数キロメートルまで驚くほどのバリエーションがあるが、いずれも人間を優に丸飲みできる大きさだとされている。中世の版画や近世の世界地図の海の部分などには、とぐろをまいたり波をかき分けて泳ぐ大海蛇の姿を見ることができる。

軍人たちが見たドラゴン

一九一五年、第一次世界大戦でドイツの潜水艦U—28が、イギリスのイベリアン号を撃沈した。このときイベリアン号の爆発に巻き込まれたのか、海から巨大な生物が飛び上がり、再び海中に消えていった。潜水艦の乗組員六名の証言によると、

それは体長が二十メートルほどもある巨大なワニのような生物で、細長い頭と水掻《か》きのついた四肢を持っていたという。当時これは「大海蛇ではなかったのか」と話題になった。それを遡《さかのぼ》る一八四八年には、イギリスの軍艦ダイダロス（ディーダラス）号が大海蛇を目撃したという報告があった。ダイダロス号の乗組員らは、東インド海域でこれを目撃したのだが、水面に現れた部分だけで十八メートルもあったという。この目撃談も当時の新聞でも大きく取り上げられたため、多くの人々の話題となった。これらに対して、学者たちがさまざまな説を唱えた。例えば、「大きなアシカやセイウチである」とする説や「プレシオザウルスの生き残り」説、「鯨《くじら》の見間違い」説、「巨大イカの見間違い」説などがあったが、最終的にはどれも決定的な説とはならなかった。

これらの遭遇自体に疑問を持つ人々もいたが、どちらの目撃談も軍人による報告のため、簡単に捏造《ねつぞう》と断定することはできないだろう。国防に従事する者が冗談でこのような報告をしたら、それこそ重い罰を受けることになるからだ。

イクチは日本の大海蛇？

日本にも大海蛇らしきものが出現している。それはイクチと呼ばれるものだ。常陸国（現在の茨城県）の海上にイクチが現れたとする話がある。そこで見られたイクチは鰻《うなぎ》のような姿をしており、太さはそれほどでもないが途方もない長さがあったという。なお、イクチが船内に入ると船が沈んでしまうとされたため、船乗りたちはイクチとの遭遇を恐れたようだ。このイクチと思われるものを、江戸時代の浮世絵画家である鳥山石燕《とりやませきえん》がアヤカシという名前で描いている。アヤカシとは、海で起こる怪異の総称のように使われた言葉らしく、イクチもそのなかに含まれていたのである。

現代まで生き続ける海竜伝説

さまざまな新生物発見や深海の謎の解明の結果、現在では大海蛇に関しても多くの仮説が提唱されている。例えば、「深海魚であるリュウグウノツカイを誤認した可能性」や絶滅したと考えられている「ムカシオオホオジロザメ（メガロドン）との誤認」説などだ。しかし、先の「プレシオザウルスの生き残りではないか？」という説から、新たな「恐竜の生き残り」というロマンが生まれたように、ネス湖のネッシーなどと同様、今日に至るまで熱心なウォッチャーが発見を待ち望んでいるほどであり、その熱はいっこうにさめる気配がないのである。

物語の中のドラゴン⑤

ジャパニーズ・ファンタジーのドラゴン

日本発のファンタジー小説や漫画などでも、さまざまなドラゴンが登場している。栗本薫の小説『グイン・サーガ』は、一九七九年にシリーズがスタートして以降、百巻を越え現在も刊行中の大河小説である。作中では龍頭人身のヤンダルゾックという魔道師の王が登場し、主人公の豹頭人身の王グインを苦しめた。

また国産ファンタジーの代表作、水野良の小説『ロードス島戦記』には、物語の舞台のロードス島に棲む五匹のドラゴンが登場している。それぞれ〝金鱗の竜王〟マイセン、〝魔竜〟シューティングスター、〝氷竜〟ブラムド、〝水竜〟エイブラ、〝黒翼の邪竜〟ナースと呼ばれ、あるものは人と戦い、あるものは人と共存しており、物語を大いに盛り上げていた。

こちらはファンタジーではないが、鳥山明のコミック『ドラゴンボール』には神龍《シェンロン》という願いをかなえる龍が登場し、物語の肝となっていた。

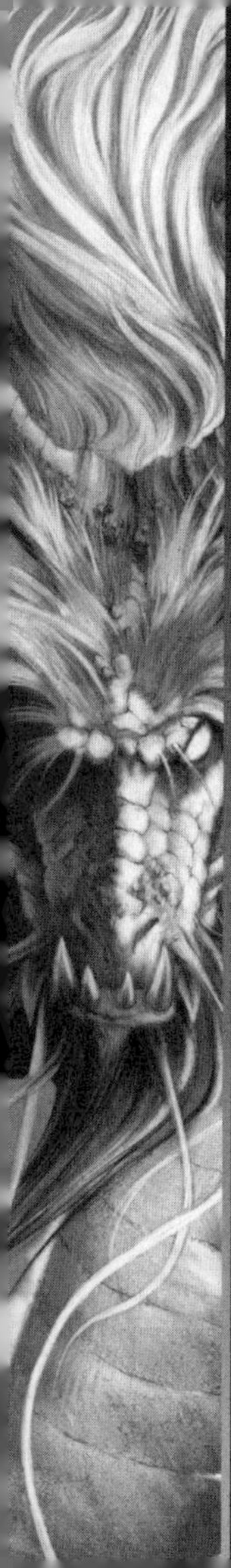

「東」のドラゴン

DRAGON OF EAST

〝水〟の性質を持つ神聖なる霊獣【龍】

「東」の世界を代表する強大な幻獣。上位の神霊（主に水の性質を持つ精霊）として崇められ、自然の〝気〟を持つ存在として祀られることが多い。龍の多くは鱗の生えた蛇のような長い体を持ち、鹿の角や虎の手など、さまざまな獣の特徴を持つ姿として描かれている。そのため、あらゆる生物の頂点に立つものであるとされ、古来より人々から敬われていた。

神の威光と知性を持つ生物の王

龍は人語を解し、神通力（超能力）を持ち、天を自由に駆け、空を自在に舞う生物の王的存在とされる。そのような理由から、中国では皇帝は龍の血を引く高貴な存在であることを喧伝《けんでん》し、伝説化させたのだと言われている。また龍にあやかって皇帝の顔を「龍顔」と呼び、玉座のことを「龍座」と呼んだのである。

東洋では珍しい翼を持つドラゴン

応龍

Ouryuu

龍・翼

中国

鷲の身体と翼（もしくは鷲の身体と蝙蝠のような翼）があり、四本足でその足には三本の指がある。そして、一瞬にして天上に翔ける速度を持つとされるのが、この応龍だ。応龍は中国のさまざまな古い書物にその記述が見られる。例えば、中国最古の地理書と言われる『山海経《せんがいきょう》』などによると、その姿は「龍の翼あるもの」とされている。また、哲学書『淮南子《えなんじ》』によると応龍は獣たちの先祖である毛犢《もうとく》から生まれ、応龍は健馬《けんば》を生み、さらに健馬から麒麟《きりん》が生まれたといわれる。その麒麟から庶獣が生まれ、この庶獣がすべての毛皮を持つ動物の先祖となったと書かれている。

神話に登場する応龍

龍は五百年、あるいは千年以上生きると翼を持つようになり、非常に素早く空を駆け巡ることができる応龍（もしくは鷹龍）になるといわれている。東洋では翼を持つ龍はこの応龍と、日本の龍の一種である龍鳥（飛龍）くらいであると考えられ、非常に珍しい存在であると言えよう。

応龍は強力な龍であるものの、神と同格の者たちにはかなわなかったらしい。というのも、かつて応龍は、中国神話に登場する人頭蛇身の女媧《じょか》という怪物に戦いを挑んだことがあったとされているからだ。火を司る女媧と風雨を司る応龍は、互いに譲らぬ戦いを繰り広げていたが、女媧が牛車で風雨から身を守り、ついには応龍を降参させることで決着がついた。戦いに敗れた応龍は女媧の一族に忠誠を誓って、一命を取りとめたということだ。

また、応龍は中国の南の果てにあるとされる架空の霊山・恭丘山に棲んでいるとされている。そうした辺鄙《へんぴ》な場所に棲んでいるのには理由がある。応龍は同じく中国神話に登場する帝王である黄帝に仕えていた。黄帝が蚩尤《しゆう》という怪物と戦った際に、応龍は雨を降らせる能力を使って嵐を起こし、黄帝を支援した。しかし、この戦いで蚩尤の邪気を帯びたことが原因となり、天へ昇ることができなくなってしまったのだ。このことから、応龍は辺境の地である恭丘山に留まることになったのだという。

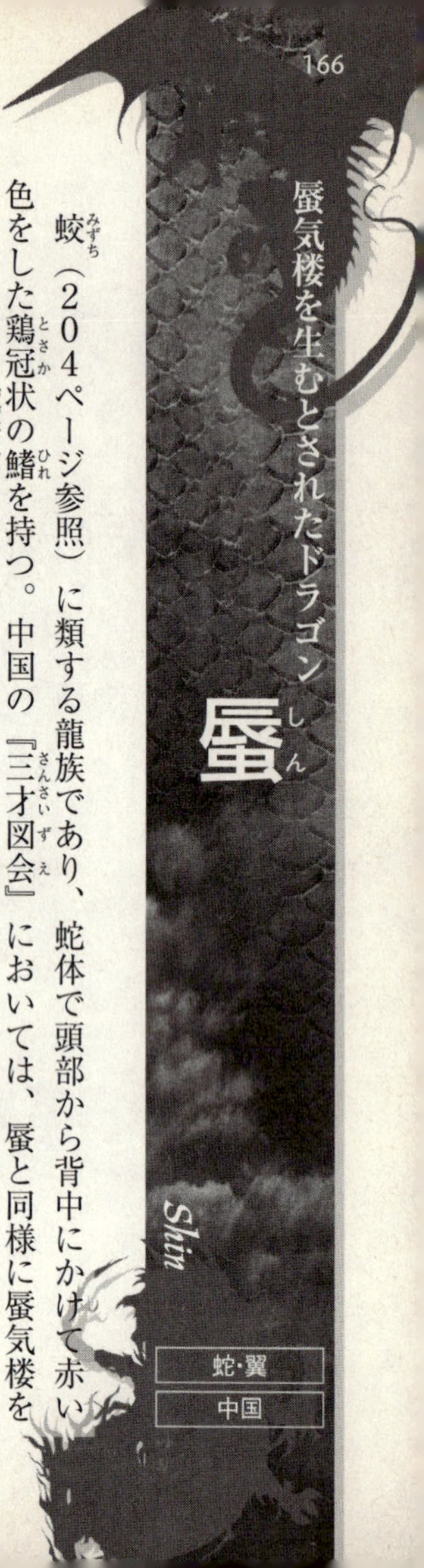

蜃気楼を生むとされたドラゴン

蜃《しん》

Shin

蛇・翼

中国

蛟《みずち》（204ページ参照）に類する龍族であり、蛇体で頭部から背中にかけて赤い色をした鶏冠《とさか》状の鰭《ひれ》を持つ。中国の『三才図会《さんさいずえ》』においては、蜃と同様に蜃気楼を生むとされた大蛤《おおはまぐり》を一緒にして論じていることなどから、大蛤として描かれることもある。蛇と亀が交わって生まれた亀が、雉《きじ》と交わり生まれると言われ、燕《つばめ》の子を好んで食べ、淵に伏すようにして眠るとされている。

気を吐くと楼閣が現れる

海岸や砂漠などで、そこに存在しないものが見える蜃気楼。現在では光の屈折による現象と解明されているが、かつての日本や中国では、蜃が海上に気を吐くことで楼閣城市を出現させると信じられていた。また、蜃の油で作った蝋燭《ろうそく》は、百歩離れた所まで香が届き、その煙の中にも蜃気楼が現れるという。

漢の武帝も目撃した龍

螭《ち》（雨竜《あまりょう》）

Chi (Amaryou)

龍

中国

中国の神話伝説の本『述異記《じゅついき》』に螭龍《ちりょう》として記されている龍の仲間。体長は一〜三メートルであり、角を持たないため龍の子供だとも言われる。体は赤・白・蒼《あお》の三色で彩られており、その腹には金簪《かんざし》で刺された跡がある。これは、とある悪王に捕えられた際、王が寵姫《ちょうき》の金簪で螭の腹を刺したためだと伝えられる。漢の武帝も長安城で螭を目撃したという。

魔除けとして親しまれる

古代の中国において龍は帝王のシンボルであったことから、神性・完全を意味する五本指の足を持つ姿で描かれることが多いが、螭は神性の生き物ではないため三本指の足であるとの説が有力だ。しかし、宮殿の階段や石柱、石碑の上部などに魔除けとして刻まれることが多く、これらの部分は螭首《ちしょう》、螭頭《ちとう》と呼ばれる。

寺院の彫像として残る

斗牛《とぎゅう》

Togyuu

龍

中国

一五二二～六六年の嘉靖《かせい》の時代に中国西内海の子中に棲んでいたとされる龍である。鋭くとがった角を持ち、風雨を操り雲や霧を作るとされた。また、斗牛は金や玉といった宝物を好み、それらで作られた宝柱に巻きついていたことから、中国の寺院において彫像のモチーフとして採用されることが多く、柱に巻きついた形で彫られている龍の大半は斗牛だと言われる。

世皇による退治物語

斗牛は、しばしば地上に出没しては帝に仕える宮女たちを驚かしていた。困り果てた人々は、世皇という徳の高い帝に斗牛を山中に戻してくれるように嘆願をしたという。するとその夜、湖が泡立ち真っ二つに割れ、湖中にいた斗牛は割れ目に飲み込まれ消えてしまったという話が伝えられている。

龍とともに生まれる

吉弔《きっちょう》

Kicchou

その他（亀系）・龍頭

中国

中国の広東、広西地方に棲むという怪物の一種であり、龍の頭に亀の体を持つ龍と亀の合成獣。甲羅は龍の鱗が何重にもなっており、頭と尻尾は長すぎて甲羅に入りきらないと伝えられる。十八世紀に出版された日本の百科事典『和漢三才図会』では、龍は絶えず卵を二個生むと言われ、一つからは龍が生まれるが、もう一つからは吉弔が誕生すると解説している。

その脂は薬となる

吉弔の肉は柔らかすぎて食用に向かなかったとされるが、血や肉、脂肪を練り合わせた「弔脂《ちょうし》」は腫れものや耳の薬として重宝された。また精液は「紫稍花《ししょうか》」と呼ばれる川岸などで見られる海綿体動物となり、吉弔を探す目印となったという。なお吉弔は、現在ではヨコクビガメの一種ではないかと考えられている。

虹蜺《こうげい》

Kougei

不明

中国

虹を司る二匹の龍

空にかかる虹を龍や蛇に見立てる思想は、アボリジニやアフリカなど世界の各所で見受けられる。なかでも中国における歴史は古く、殷《いん》の時代にはすでに、「虹」の文字を弓なりに背を丸めた龍の姿で記した遺物が発見されている。その中国で虹は、鮮やかな色を司る雄の「虹《こう》」と、暗く淡い色を司る雌の「蜺《げい》」に分けられ、ともに天に棲む七色に輝く龍だと伝えられているのだ。

地上に降り人間と関わりをもつ

さらに特徴的なのは、虹である竜が地上に姿を現し、ときには人の姿に変身することだ。中国では人の姿に化けた虹が人間の女性と交わり、子供を作ったという話も伝えられている。また、晋《しん》の時代には、とある家に水を飲みにきた虹に家人が酒を振舞ったところ、お返しに大量の金塊を吐いていったという。

龍宮に住む龍の王たち

龍王

Ryuuou

龍

中国

「龍宮」と呼ばれる水底の巨大な城に棲む龍の王。総勢で四万体近く存在するとされ、後述する「四海龍王」などもその中に数えられる。龍王はさまざまな姿をしており、龍そのものの姿の場合や人間の姿、また、四千メートルを越える巨体であるなどともされる。なお、その姿はブッダにより与えられたと言われている。

龍王の中の王たち

仏教では龍王の中でも有力な王のことを「八大龍王」と呼ぶ。八大龍王はそれぞれ難陀（なんだ）、優難陀（ゆうなんだ）、娑伽羅（しゃから）、和修吉（わしゅきつ）、徳叉迦（とくしゃか）、阿那婆達多（あなばだった）、摩那斯（まなし）、優鉢羅（うはつら）と呼ばれ、多頭であるなどさまざまな姿をしていたという。彼らは、後述するインドのナーガ王のことであるとも言われる。

海を護る四方の王

四海龍王

Shikairyuuou

龍

中国

中国において、東西南北の四方の海を管理・守護し、雨を司るとされた四人の龍王である。本来は龍なのだが、普段は身長四千メートルの人間の姿をしており、それぞれの海底に豪奢《ごうしゃ》な龍宮城を構えているという。東の海の龍王(東海龍王という)は敖広《ごうこう》と言い、西海龍王は敖欽《ごうきん》、南海龍王は敖潤《ごうじゅん》、北海龍王は敖順《ごうじゅん》と呼ばれる。なかでも東海龍王が四王の代表である。

時代を超え語られる存在

海の守護者・四海龍王は人々の想像力を掻きたてる存在であり、中国の明の時代に書かれた小説『封神演義《ほうしんえんぎ》』には四海龍王が登場している。また、中国のみならず日本でも昔ばなしの『浦島太郎』に登場する龍宮城をはじめ、現代では田中芳樹の小説『創竜伝』のモチーフにもなっているのだ。

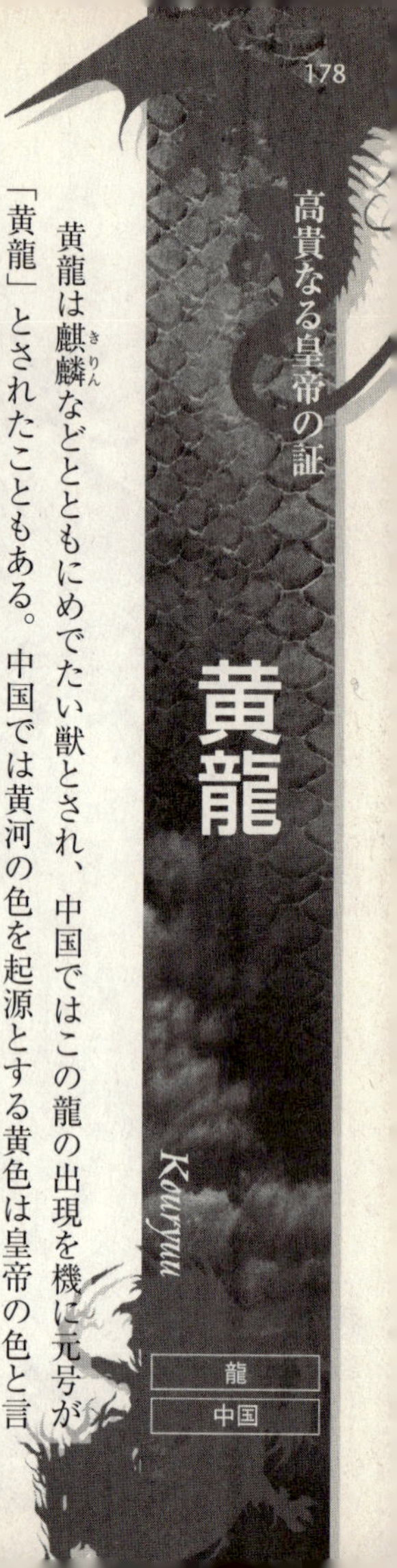

高貴なる皇帝の証

黄龍

Kouryuu

龍

中国

黄龍は麒麟《きりん》などとともにめでたい獣とされ、中国ではこの龍の出現を機に元号が「黄龍」とされたこともある。中国では黄河の色を起源とする黄色は皇帝の色と言われ、下々の者がその色の服を着用することは許されぬ高貴な色とされてきた。五行説で黄は全てが誕生する大地の土行であり、その色を帯びた黄龍はそれだけ位の高い龍とされているのだ。

数々の王を助けた支配者の龍

黄龍は中国を統治した伝説上の黄帝という帝の時代に黄河の中から現れ、河図《かと》という易のもととなった図案を黄帝に預けたという。また、夏王朝初代の王である禹《う》が黄河に阻まれたとき、黄竜が現れてこれを助けたという。「水を治めるもの、天下を治める」という中国古代ならではのエピソードである。

最も速く空を駆ける龍

白龍

Hakuryuu

龍
中国

古代中国において、天上界を統《す》べる皇帝・天帝に仕えているとされた龍。全身の鱗が白く、基本的に空を飛ぶことができる龍たちの中でも、とくに飛ぶ速度が速く、白龍に乗っていれば他の龍に追いつかれることはないと伝えられる。また、万物は五つの元素で構成されるという五行思想では、白龍の白は金性を意味する。

いまなお創作物のなかで生きる

純白の体で勇壮に空を飛ぶ姿は、作家の創作意欲を喚起するようであり、滝沢馬琴の読本『南総里見八犬伝』では、白龍が光を放ちながら飛んでゆく場面が描かれている。また、ここでは白龍の吐いた物は地面に入って金になると解説されている。映像作品では、映画『ネバーエンディング・ストーリー』において主人公が乗るドラゴンである「ファルコン」が、白龍のイメージに近いだろう。

古代中国神話における人類の創造主

伏羲《ふぎ》（庖羲）・女媧《じょか》

Fugi・Joka

蛇・人頭蛇身

中国

古代中国で人類を創造したと信じられていた男女の神であり、男神の方を伏羲、女神を女媧と呼ぶ。二人の関係は兄妹とも夫婦とも言われているが、ともに上半身は紫色の衣と朱の冠をかぶっており、下半身は蛇の姿をしているとされた。世界の創造を象徴する道具である直角定規とコンパスをそれぞれの手に持ち、下半身を絡めあった姿で描かれることが多い。二人が登場するのは、中国の少数民族である苗《ミャオ》族の神話であり、これによるともっとも古い時代、大地には神々だけが暮らしていたという。しかし、あるとき、大洪水に遭い、伏羲と女媧の一族は彼らを残して滅んでしまった。ひょうたんの船に乗っていたおかげで助かった二人は、世界をもう一度生命で満たそうと考える。そこでまず女媧が、黄土と水を混ぜて泥を作り、そこへ縄を漬けて引き揚げた。すると、縄から垂れた泥の滴《しずく》が人間になったという。こうして人類は誕生し、大地は生命で満たされていったのだ。

雷神族との再度の戦い

人類の数が増えてくると国を作る必要が出てきたため、伏羲が王になったという。統治は百三十年間続いたと伝えられており、その間に彼は天地や地形の流れを読み取って、現在は易で使われる八卦《はっけ》を作り人々に教えたほかにも、火種をもたらし動物の肉を焼いて食べられるようにしたとされる。一方の女媧も婚姻制度を作って、人類が子孫を残せるようにしたという。

伏羲の後を継いだ女媧も善政を行ったおかげで、人々は平和に暮らすことができていたが、その治世も終わらんとする頃に大きな危機が降りかかってきた。雷神の一族である共行《きょうこう》が反乱を起こし、洪水と戦乱によって各地で大きな被害が発生。さらに、天候を司る日の神である燭陰《しょくいん》にまで戦いを挑んだのだ。この戦いに敗れた共行は腹いせに天を支えているとされた不《ふ》周山《しゅうざん》を折ったものの、自身の負った傷も深く、ついには女媧に滅ぼされてしまう。

人類を創造し、国事においては善政に努め、人に害なす悪と戦った女神・女媧の人気は日本でも高く、ゲームソフト『真・三國無双』シリーズや、藤崎竜の漫画『封神演義』などに登場している。

紀元前の中国伝説上の帝王

禹

U

不明

中国

古代中国の皇帝の一人で、後の夏王朝を創設したとされる。黄河の治水作業にあたり、これを成功させ皇帝となった。ある伝説では禹は父の鯀《こん》が死んだ後、その死体の中から生まれたとも言われている。また、その体から出てくる際にさまざまな神通力を身につけ、龍の姿で誕生したという。

名前に描かれた二匹の龍

実際に禹が龍であったかどうかは不明だが、古代中国の歴史書『史記』には「山川の神」として崇められていたという記述も残っており、また、その名前自体に龍の存在が記されているのは事実だ。禹という漢字は「虫」と「九」が合わさったもので、虫が雄の龍を表し、九が雌の龍を表しているのだという。すなわち禹とは、二匹の雌雄の龍が交わって生み出された存在であるとの解釈もできるのだ。

龍の子供たち

龍は九種の子を産んだとされる。さまざまな姿や性格の子供たちは龍生《りゅうせい》九子《きゅうし》と呼ばれ、陳仁錫《ちんじんしゃく》の『潜確類書《せんかくるいしょ》』では次の九種があげられている。

蒲牢《ほろう》　龍に似た姿。鯨を恐れ、襲われたときには警告の鳴き声をあげるという。

囚牛《しゅうぎゅう》　音楽好きであったという。そのため、中国では胡弓《こきゅう》の飾りにもされている。

贔屭《ひき》　亀に似た姿の川の神。優れた能力を持ち、文を好んだという。

霸下《はか》　重いものを背負うのが好きで、そのためか石碑の台座などに象《かたど》られている。

嘲風《ちょうふう》　危険を好んだと言われる。寺院のひさしにその姿が描かれることがある。

蚩吻《しふん》　魚の姿をとることもあるという。水を好み、橋梁《きょうりょう》に象られたという。

狻猊《しゅんげい》　獅子に似ている。座ることが好きで、そのため仏座に用いられる。

睚眦《がいさい》　殺生を好むという。そのため、刀の飾りにも使われる。

狴犴《へいかん》　一角の龍の姿であるという。争いを好み、牢獄の門に象られる。

千里を超える体を持つ

燭陰《しょくいん》

Shokuin

蛇・人頭

中国

中国の地理・博物書である『山海経《せんがいきょう》』に記されている、季節や天候といった自然現象を司る神。中国北方の霊山である鐘山《しょうざん》に棲んでいたと言われ、真紅色（真っ青だとの説もある）の蛇の体は千里をはるかに超える長さを持ち、その頭は人間のものだった。鐘山の頂上に顎をのせ、長い体は山に巻きつけており、眠りも食べも、息もしないと伝えられる。

燭陰の動きで天候が変わる

普段はそうして世界を見ている燭陰だが、目を開けると世界は光に満ちて昼となり、目を閉じると光が失われて夜になるとされる。また、大きく口を開けて息を吐き出すと冬になり、大きな声を出すと熱気が起こり夏になる。ほんの少しでも息を吐くと、激しい風が起きたと言われている。

頑固で乱暴な水の神

共工《きょうこう》

Kyoukou

蛇・人面

中国

中国における火山の女神・祝融《しゅくゆう》の子であり、雨を降らせる水神。その姿は人面を持つ龍で、赤い髭《ひげ》が顔中を覆っている。人間の手足が生えていたという説もあり、そちらでは共工が自分の腹を太鼓のように叩くと雨を降らせるとされている。頑固で怒りっぽく、後先を考えずに行動する性格であったと言われ、自分に従わない者には容赦のない乱暴を働くことから、人々に恐れられていた。

不周山《ふしゅうざん》を折り星の運行を変える

共工は中国の神話において、自然の秩序を支配する神・燭陰と激しい戦いを繰り広げたとされる。その戦いに敗れた共工は、憤りのあまり世界を支えているという不周山に自身の頭を叩きつけた。その衝撃で不周山は折れ、天は西北に傾き、いまの星の運行の始まりとなったと言われる。

大地を汚す毒龍

相柳《そうりゅう》

Souryuu

蛇・人頭

中国

前述の共工の臣下として、命を受け古代中国のあちこちで暴れまわった。真っ青な蛇の体に人面を持つ九つの頭部があり、目に入るものはすべて食い尽したという。

また、相柳の触れたところは地下から水が溢れ出し、沢や谷に変わってしまうとされる。その水も生臭く苦味のある毒性の強いものであるため、人や動物が逃げ出し、荒れ果てた土地になってしまうのだ。

死してなお残る相柳の毒

治水事業につとめた夏王朝の皇帝・禹《う》は、国を滅ぼしかねない相柳を、大軍を率いて討つことに成功する。その後、相柳によって作られた毒の沢を埋めようとするが作業は難航。埋める代わりに、周囲の土を高く盛って天子の墓を建立したところ、毒の水が収まったと言われている。

中国古代の奇書が伝える龍のものたち

『山海経《せんがいきょう》』の龍属・蛇属

The Dragon & The Snake of 'SENGAIKYOU'

その他

中国

『山海経』とは紀元前三～四世紀の中国で編纂《へんさん》されたと言われる中国最古の地理書である。中国各地方の動植物や鉱物などが記された全十八巻のいわゆる〝百科事典〟であり、中には妖怪や神々などの記述も含まれていることから、中国の神話という扱われ方もされている。『山海経』では龍や蛇、またはそれらが混じりあった存在に関する記述も多く、前述した燭陰《しょくいん》なども記載されている。ここではそんな龍属・蛇属の一部を紹介する。

奇妙奇天烈なる古代の生物たち

窫窳《あつゆ》

全長八十メートルほどで、頭が龍、虎の体で馬の尾を持つ怪物。人頭牛身馬足であるとか、人頭蛇体であるとも言われ、毛の生えている獣の中では最大とされてい窫窳《あつゆ》の体は、まさに天神と呼ぶにふさわしいほど圧倒的な大きさだ。

る。もとは天界に住む天神であったが、同じ天神で半人半蛇の〝危《き》〟という神に殺されてしまい、不死の薬でよみがえったという。その後、邪悪な怪物となり、人を喰い殺すようになった。しかし、中国古代の英雄の〝羿《げい》〟によって退治されてしまうのだった（『第三巻北山経』、『第十巻海内南経』、『第十一巻海内西経』に登場）。

鮨魚《いぎょ》

桃水という川に棲み、四本の足を持つ蛇のような姿で魚を捕食していた。蛇ではなく魚の一種だと考えられている（『第二巻西山経』に登場）。

滑魚《かつぎょ》

滑水という川に棲むウツボのような姿の魚。背が鮮やかな朱色をしていて、琴の音のような声で鳴いたという。食べるとイボを治すことができると言われていた（『第三巻北山経』に登場）。

計蒙《けいもう》

光山の山の神。龍の頭と人間の体を持った龍頭人身で、深い淵《ふち》の底に棲息し、淵から出入りする際にはつむじ風や暴雨を起こしたと言われる（『第五巻中山経』に登場）。

軒轅国《けんえんこく》の民

中国の遥か西の果てに存在した国、「軒轅国」に住む異形の人種。人々は龍の血を引くという〝三皇五帝〟の五帝の一人、〝黄帝〟が祖先であるらしく、人間の頭に蛇の体を持つ人頭蛇身の姿をしていたという。とても寿命が長く、最低でも八百歳は軽く生きたそうである（『第七巻海外西経』に登場）。

酸與《さんよ》

六つの目と三本の足に四枚の翼を持つ蛇の姿をした鳥。自分の名前（酸與の中国語読みであると思われる）と鳴くという。酸與が出現した国は恐慌になるという言い伝えが残されている（『第三巻北山経』に登場）。

鯈鳙《じょうよう》

末塗《まつと》の川に棲み、黄色い蛇のような体で魚のヒレを持っていた。水から出入りする際にまぶしい光を放ったと言われる。出現すると国が旱魃《かんばつ》になると恐れられていた（『第四巻東山経』に登場）。

冉遺《ぜんい》

涴水《えんすい》という川に棲み、魚の体に六本の足、蛇の頭に馬の耳のような目を持っていたという。食すると目がかすまなくなり、また、さまざまな凶事を防ぐことができると言われた（『第二巻西山経』に登場）。

大蛇《だいじゃ》

赤い頭に白い体を持つ巨大な怪蛇。浴水という川に棲み、牛のような声で鳴くという。大蛇が現われると旱魃になるとされる。後述する日本の大蛇とは異なる生物である（『第三巻北山経』に見ることができる）。

長蛇《ちょうだ》

猪の子供の荒毛のような尾を持つ体の長い蛇。拍子木を打ったような声で鳴くと言われる（『第三巻北山経』に登場）。

人魚《にんぎょ》

決決《けつけつ》という川に棲息する山椒魚のような魚。赤ん坊のような声で鳴くという。食すと痴呆を防げると言われる（『第三巻北山経』に登場）。

巴蛇《はだ》

巨象をも一飲みで喰らうと言われる巨大な蛇。また、巴蛇は同じく大蛇の〝修《しゅう》蛇《だ》〟であるという説もある。修蛇は中国南方の洞庭湖《どうていこ》に棲む、全長百八〜千八百メートルもあった、黒い体に青い頭を持つ長大な蛇である。その巨体で湖に波を起こし、漁師たちを苦しめていたが、英雄の〝羿〟に退治された（『第十巻海内南経』に登場）。

最大千八百メートルという体長の巴蛇《はだ》。山よりも巨大だったのかもしれない。

肥䗓《ひい》

英山の南に棲息し、鶉《うずら》に似た黄色い体を持つ怪蛇。六本の足と四枚の翼を持ち、食べると難病を癒すことができたという（『第二巻西山経』に登場）。

肥遺《ひい》

渾夕《こんせき》山に棲んでいたと言われる蛇。一つの首に二つの胴体（尾）を持ち、現れると日照りが起きたと言われる（『第三巻北山経』に登場）。

鳴蛇《めいだ》

四枚の翼を持つ怪蛇。巨岩が転がり落ちるような音を出して鳴いたという。出現すると旱魃を呼ぶと言われる。「旱魃を呼ぶ」という特徴は、多くの『山海経』の怪生物たちが持っているようである（『第五巻中山経』に登場）。

ほかにも記述が短いが、『第十七巻大荒北経』に登場する「琴蟲《きんちゅう》」（獣の首に蛇の体を持つとある）や、赤い蛇とのみ記述がある『第十六巻大荒南経』の育蛇《いくだ》、『第十八巻海内経』に「赤い蛇がいる。木の上に住み、名は蠕蛇《ぜんだ》。木食する」とある蠕蛇など、さまざまな龍属・蛇属が記述されている。

天神を殺した神

鼓《こ》

Ko

龍・人面

中国

『山海経』に記されている、龍身人面の神。前述した燭陰の息子であったが、母親は誰でどのようにして生まれたかという記録は残っていない。神として生まれたものの、古代中国の神話に登場する黄帝《こうてい》の時代に欽䲹《きんひ》という神と一緒に天神・祖江《そこう》を殺害してしまう。その罪により、中国の伝説的な霊山といわれる鐘山《しょうざん》のあたりで、黄帝の使者に退治された。

姿を変え大旱魃《かんばつ》の象徴に

死んで命を失っても鼓の悪気は治まらず、四角い嘴《くちばし》を持つトビに似た鵕鳥《しゅんちょう》に化けたとされている。鵕鳥は白鳥のように響き渡る声で鳴いたと伝えられており、その姿が現れた土地には大旱魃が起こるといわれた。そのため人々からは、不吉な前兆として恐れられたのだ。

天に舞い上がる怪魚

龍魚《りゅうぎょ》（魚龍《ぎょりゅう》）

Ryuugyo (Gyoryuu)

その他（魚）・龍頭

中国

四明海（東シナ海）に棲むと言われた怪魚。頭は龍に似て髭が多く、その身はほっそりとしていて骨がなかったと伝えられる。肉は非常に美味だと言われており、現在では華僑の人々を中心に大型魚のアロアナを龍魚と呼ぶそうだ。堯《ぎょう》の時代の巫女である、女丑《じょちゅう》が乗り物として愛用したというエピソードが有名で、女丑はこの龍魚に乗って天空に舞い上がったとされている。

龍魚説に異論あり

また、女丑が乗ったのは、龍魚ではなく陵魚だという説もある。陵魚は人面で人の手足をもった水陸両棲の怪魚であり、船を飲み込めるほど体を大きくすることができるという。腹と背に三角形のトゲをはやし、水面に現れると津波が起こるとされた。古代の人たちにとって、海は未知の世界だったのかもしれない。

寝たふりをして餌を捕える

鯪《りょう》鯉《り》

Ryouri

トカゲ系

中国

体長四十～五十センチで四本の足を持つ、龍の一種だと言われた動物。トカゲに似た体は鯉のような鱗で覆われており、水辺に穴を掘りねぐらとする両棲生物だったようだ。主に蟻を食べるというが、捕まえ方が特徴的であった。その方法とは、陸に上がって鱗を緩ませ眠ったふりをする。そうして蟻を鱗の中に誘い込むと、鱗を閉じて水中に入り、溺れた蟻を食べたと伝えられている。

鯪鯉は実在した!?

鯪鯉は別名「穿山甲《せんざんこう》」とも呼ばれ、その鱗は漢方薬の材料として珍重され、中国やアフリカでは魔除けにも用いられたという。ちなみに現在では、かつてアリクイ目に分類されていた動物がセンザンコウ目に認定されているが、この生き物がこれまで伝えられてきた鯪鯉であるかは不明である。

小屋が転がるとたとえられた巨龍

馬絆蛇《ばはんだ》

Bahanda

蛇

中国

元の時代に、四川省や雲南省周辺の川に棲んでいたとされる龍の一種。蛇のような体は巨大であり、動く様は小屋が転がるようであったとさえ言われている。頭部は猫ともネズミのようとも伝えられているが、白い部分があることから後述する蛟《みずち》の一種だと考えられた。全身は血なまぐさくぬるぬるしており、馬絆蛇が現れると川や風が臭くなったという。

人、牛、馬を喰らう存在と恐れられる

馬絆蛇の名は、水辺につながれた馬を襲うことから付けられたともいわれ、その他にも馬絆《ばはん》や馬黄精《ばおうせい》、鉤蛇《こうだ》とも呼ばれる。中国の地理書『山海経』にも紹介されており、そこでは全長が数丈（一丈は約三メートル）あって尾が分かれており、水中にいて岸に近づいた人や牛、馬を川に引きずり込んで喰うと記されている。

西洋社会よりの侵略者

毒龍

Dokuryuu

ドラゴン
中国

中国の龍であるのだが、その姿は爬虫類のような頭に、長い首と四本足に尻尾、さらに背中に翼を生やしているという、西洋のドラゴンそのままである。それもそのはずで、この龍は西洋社会のドラゴンが中国に輸入されたものであるという。中国では龍は神聖なものであり、上位の神霊として扱われるのだが、この毒龍は火炎や毒を吐いて人々を苦しめる邪悪な怪物とされていた。毒を吐くことから毒龍と名づけられたのだと思われる。

ドラゴンは退治されるのがお約束?

十世紀ころの北宋時代に成立した小説集『太平広記』には、百人の隊商を皆殺しにした毒龍の話が編纂されている。それらの話や伝承などでは、毒龍は優れた僧侶などの力にかなわず、降伏してしまう結末となっているという。

暴風雨を操る水龍

蛟《みずち》

Mizuchi

蛇・龍頭

中国・日本

五百年生きた水蛇が化けるとされる龍族の一種。体長は三メートルほどで、細かな鱗に覆われた体は細身、背中は青い斑《まだら》になっている。四本の足を持ち、尻尾の先は渦巻き状、頸《くび》に白色のコブがあるという。明の時代に書かれた『五雑組《ござっそ》』によれば千年生きると神通力を得るとされ、蛟が現れると必ず暴風雨が起こるが、それは蛟が龍となり海に向かう時であると記されている。

古代中国で食される！

蛟は漢の時代に釣り上げられたことがあるという。その姿形は蛇に似ていて牙を持ち、頭には柔らかい角があったと伝えられている。骨は青く、肉は紫色をしていたそうで、この肉を酢でしめた料理を時の皇帝が食したところ、大変美味であったという。

角と毒を持つ蛟

虬竜《きゅうりゅう》

Kyuuryuu

龍

中国・日本

前述の蛟の一種であるが、こちらは体が青色で角が生えている。その昔、備中（岡山県）にある河島川の分岐点には毒をもつ虬竜が棲んでいたといい、そこを通る者の多くが毒にあてられて死んだと伝えられている。また、虬竜は怪魚だとの説もあり、これはインドの経典が中国で訳されたときに、シシュマーラという怪魚が「虬」と訳されていることが根拠とされる。

琉球の名の由来

沖縄県はかつて「琉球《りゅうきゅう》」と呼ばれていたが、これは琉球最初の王統である天孫氏が虬を倒して海に流したことから、島に「琉虬《りゅうきゅう》」の名がついたという伝説による。その他にも、虬の上下の顎から「琉」と「球」の玉を得たからとも言われる。滝沢馬琴の小説『椿説弓張月《ちんせつゆみはりづき》』はこの伝説をもとに書かれているそうだ。

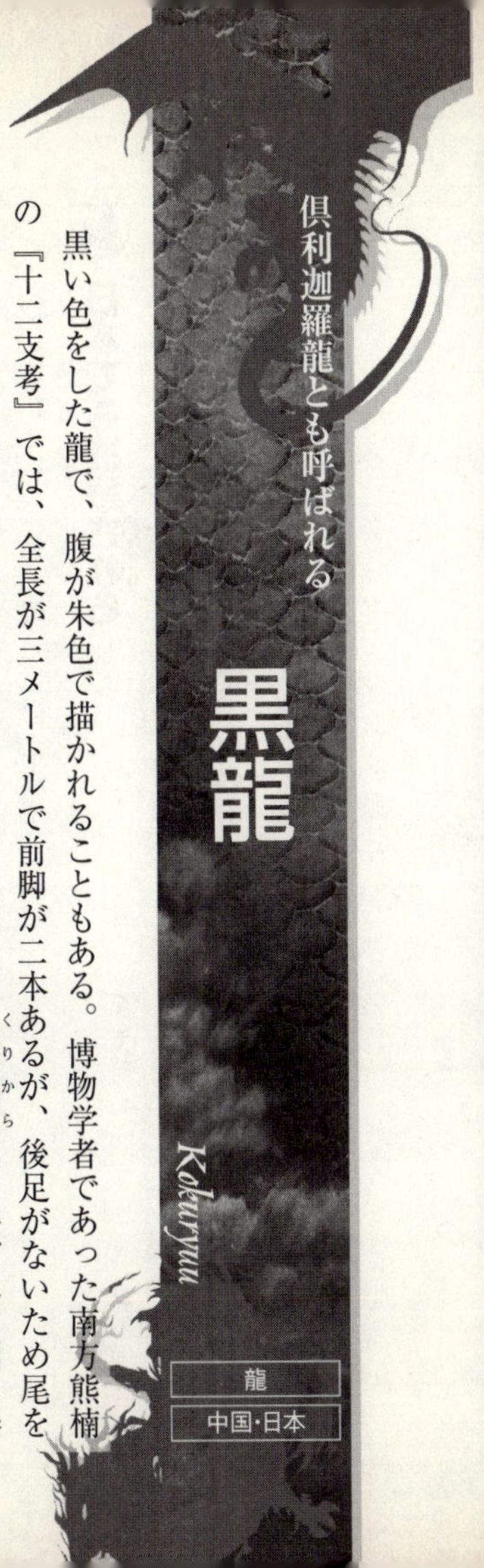

倶利迦羅龍とも呼ばれる

黒龍

Kokuryuu

龍

中国・日本

黒い色をした龍で、腹が朱色で描かれることもある。博物学者であった南方熊楠の『十二支考』では、全長が三メートルで前脚が二本あるが、後足がないため尾を引きずって進む黒龍の話が紹介されている。仏教では倶利迦羅《くりから》龍と呼ばれ、剣に巻きついた姿を「倶利迦羅明王」として加護の印にすることもある。

日本と中国で変わる黒龍観

中国で伝えられる黒竜は気象が荒く邪悪な側面もあり、神話においては天地創生の頃に中原《ちゅうげん》一帯（黄河中流・下流の周辺を指すことが多い）を荒らしまわっていた。しかしこの龍は、女神の女媧《じょか》に退治されている。一方、日本の民話などでは神性を持つ龍とされており、越前（福井県）の国では、この地に舞い降りた黒龍大明神というものが伝わっている。

枳首蛇《ししゅだ》

Shishuda

蛇・多頭
中国・日本

中国や日本に棲息しているといわれる双頭の蛇。全長は三十センチほどで体の両端に頭が付いている。前述した双頭蛇（102ページ参照）に似ているが、明時代の医学書『本草綱目《ほんぞうこうもく》』などによると、枳首蛇の一方の頭は偽物だということであり、目や口は曖昧な形をしているとか。しかし、なぜか前後両方向に進むことができるなど、謎の多い生物であることは確かなようだ。

日本でも捕獲される

蛇である枳首蛇の体には鱗があるが、なかには姿がミミズに似たものもいるという。しかし、性質は蛇そのもので、夏の雨上がりなどには動きが活発になるようであり、そのときの目撃談も伝えられている。なかでも江戸時代の、とある船乗りが全長一メートル以上の枳首蛇を捕まえたというエピソードが有名だ。

龍と馬の混血獣

龍馬《りゅうま》

Ryuuma

その他（馬）

中国・日本

龍と馬が交わって生まれるとされる幻獣（ちなみに、龍と鹿が交わると麒麟《きりん》が誕生すると言われる）。馬の体をしているが鱗があり、背丈は二・五メートルと大きい。頭部は龍で二本の角が生え、一説には背中に翼が生えているとされる。龍馬は名馬であると同時に、中国では水の精であるとも考えられ、徳のある君主が善政を行うと現れると信じられていた。

一駆で千里を走る

千里の道を駆け回り、水の上も沈むことなく走り続ける龍馬は、数々の伝承や小説のなかに登場する。奈良時代の貴族である藤原広嗣《ひろつぐ》は、毎日龍馬に乗って、千五百里を走り公事を勤めたと伝えられている。劇作品のなかでとくに有名なものは『西遊記』であり、三蔵法師の乗っているのが龍馬である。

四神信仰の一角をなす龍

青龍

Seiryu

龍

中国・日本・朝鮮

中国古代神話上で四神と呼ばれる、世界の四方向を守る聖獣のうちの東方を司る龍。日本や朝鮮でもこれに基いた考えがあり、高松塚古墳やキトラ古墳の壁画、建築物や都市の配置などにその名残が見られる。青龍は季節では春に、陰陽では陽に、五行では木行に、土地では川にそれぞれ対応しているとされている。姿は長く舌を出した青い体色の龍とされるが、古代の壺などに描かれている場合は、頭部のみ白や黄色の表現をされていることがある。

聖徳太子を乗せた青龍

『今昔物語集』には、聖徳太子が瞑想していたときに青龍が太子の魂を乗せて中国に渡り、仏教の経典を受け取ったという話がある。後に小野妹子が唐へ渡ると、現地の僧が「聖徳太子が青龍に乗ってやってきた」と言ったそうだ。

権力の象徴としてのドラゴン

龍神

Ryujin

龍

日本・韓国・中国・インド

龍神は古くから神獣・霊獣として認識されており、古代中国においては皇帝のシンボルや信仰の対象として扱われていた。姿形についても様々な形で伝えられているが、一般的に〝龍〟と言われて思い浮かべる姿……以下の定義に合致するものであることが多いようだ。〝頭は駱駝《らくだ》〟、〝角は鹿〟、〝目は兎《うさぎ》〟、〝耳は牛〟、〝項《うなじ》は蛇〟、〝腹は蜃《しん》（大蛇）〟、〝鱗《うろこ》は鯉《こい》〟、〝掌《てのひら》は虎〟。以上九つの特徴を持つものが龍とされたが、これは漢の時代の学者・王符による定義である。また、翼がなくても空を自由に飛ぶことができるとも言われている。

水神として崇められた龍神への信仰

龍神信仰はアジア圏において特に根強く、そのほとんどが神格として扱っているのが特徴だ。水を司る神として崇められていることが多く、龍神に雨乞いを行う儀

式は、かなり古くから行われていた。かの弘法大使が神泉苑（現在の二条城）にて雨乞いの祈祷を行い、龍神を呼び雨を降らせたという逸話も残っている。

指の本数にはワケがある

龍神につながる龍そのものの起源は、中国にあると言われている。しかし、さらに辿るとインドのヒンドゥー神話に登場する蛇神ナーガが仏典と共に中国に伝承され、それが転じて八部衆（仏法を守護する八人の神）の〝竜王〟になったという説が有力だ。またナーガは水神としての側面も持っており、その点でも水を司る龍神と共通している。

なお、龍をモチーフに絵画などを描く場合、かつてはそれが描かれる国によって指の本数が決まっていた。指が五本ある龍が最高位とされ、五指の龍を描くことができたのは、当時絶大な権力を持っていた中国皇帝だけであった。近隣諸国などに残る絵画では、龍の指は三〜四本しか描かれていなかったという。そのため、かつて日本で描かれた龍の絵は、多くが三本指であることを確かめられるだろう。しかし、現在で、そのような慣習・概念は失われてしまった。なお、漫画『ドラゴンボール』に登場する神龍は、四本指の龍として描かれているようだ。

妖怪か？ 龍神か？ 国によって異なる龍

雷龍

Rairyuu

その他

日本・ブータン

日本では寛政三年（一七九一年）に鳥取県で発見されたという謎の生物のことを雷龍と言う。大きさは八尺（約二・四メートル）ほどで全身鱗に覆われ、胸には毛が生えており、長い尾がついていたという。また足（前足）は二本あり、その足の先には長くて曲がった爪が生えていたと言われている。

ブータンの国旗に描かれた雷龍

また、インドと中国の間に位置する仏教国ブータンの国旗には、日本の妖怪とは異なる姿の白い雷龍が描かれている。ブータンの国名は現地語（チベット語）で「デュルック・ユル（Druk Yul）」と言い、これには「雷龍の国」という意味がある（デュルックは「雷龍」）。国旗の中の雷龍は口から火を吐き、掌中に宝珠《ほうじゅ》を握った姿であり、〝力強さ〟や〝繁栄〟などを示しているのだという。

見るだけで一族が根絶やしに

夜《や》刀《と》ノ《の》神《かみ》

Yatonokami

蛇

日本

『常陸国風土記《ひたちのくにふどき》』に伝えられる、多くの蛇を従える蛇神。姿は「形は蛇の身にして頭に角がある」と記されている。運悪くその姿を見た者は一族もろとも滅び、跡継ぎも絶えると言われ、見ることすら不吉なものとされていたのだ。

侵略に抵抗した先住者?

継体天皇の時代、豪族である箭括麻多智《やはずのまたち》が開拓をした際に、群れを成して現れたとされる。夜刀ノ神は開拓民に害をなして祟ったが、麻多智がこれらを退けた。以降、麻多智は標識を作って神と人の地の境を定め、「自分とその子孫が永代にわたって祀るので、決して祟らないように」と言い、その祟りを鎮めたという。現在は、茨城県玉造町にある夜刀神社の祭神として祀られている。こうした話には、大和朝廷による先住民支配の正当化が背景にあるとの説もある。

物語の中のドラゴン⑥

中国の物語

中国の唐時代の小説で、李朝威《りちょうい》の作とされる『柳毅伝《りゅうきでん》』。この物語には銭塘君《せんとうくん》という強大な龍が登場している。

銭塘君は洞庭湖の龍「洞庭君」の弟であり、龍王の一人とされる。三百メートル以上の巨大な赤い身体を持ち、目はギラギラと輝いていたという。もともと河川を統《す》べる水神であったのだが、堯《ぎょう》が天帝の時代に大洪水を起こし、五岳《ごがく》という五つの名山を水浸しにしたため、神の座を下ろされたという。非常に短気で、乱暴な性格であったとされる。

作中では、洞庭君の美しい娘が柳毅《りゅうき》という人間の男と結婚する。しかし、彼女は不遇な生活を強いられてしまう。その知らせを聞いた銭塘君はすさまじい怒りを表して、炎を吐きながら姪が嫁いだ土地へと向かって飛んで行った。そして、その土地に着くや否や、六十万人もの民衆を殺し、さらには姪の結婚した相手まで喰らってしまった。

日本に広がる鐘ヶ淵伝説

鐘ヶ淵《かねがふち》の龍

Dragon of Kanegafuchi

龍

日本

鐘の沈んだ水辺に棲んでいるという龍。龍は一般的に金属類を嫌うといわれるが、鐘だけは例外だとされるケースも多い。かつて、北条早雲の兵士たちが戦利品の釣鐘を船で運んでいたが、ある場所を通ると鐘の中から不気味な音が鳴り始めて川面が波立った。「龍神の怒りに触れた」と感じた兵士は、その場に鐘を投げ込んで逃げたという。以降、そこは鐘ヶ淵と呼ばれるようになったそうだ。

奈良の鐘ヶ淵伝説

逆に、龍が鐘を恐れた例もある。奈良県の笠間川近辺にも鐘ヶ淵と呼ばれるところがある。ここには乱暴な龍が棲み着いていたが、古い鐘楼《しょうろう》から鐘が転げて川に落ち、それが龍を退けた。金物を嫌う龍は鐘を恐れて、茶臼《ちゃうす》岳の谷あいから天に昇ったという。その龍が途中疲れて休んだ場所は蛇谷と呼ばれているそうだ。

大蛇の胴体が龍となる

明《みょう》神《じん》池《いけ》の龍

Dragon of Myoujinike

龍

日本

明神池と呼ばれる池は全国に存在しているが、その多くは龍とのかかわりを持つようだ。奈良県吉野郡では、その昔に行者が大峰山の大蛇を三つに踏みちぎったという。頭は有馬の池に、胴は明神池に落ち、尾は猿沢の池に落ちた。以来、有馬の池では人が沈んでしまって戻らないことがあり、猿沢の池は不思議に波立つことがあるという。そして、明神池には龍が出現するようになったそうだ。

全国の明神池と龍

東京都世田谷区にも、昭和三十六年頃まで明神池という池があった。現在は埋め立てられたが、火事が多発したために、龍の祟りを恐れて現在も年に一度お祭りをしているという。また、長野県にある明神池では毎年十月八日に龍とアオサギの頭がついた二隻の船を浮かべる御船神事という行事が行われている。

日本書紀に記される水神

罔象女《みずはめ》

Mizuhame

龍

日本

歴史書の『日本書紀』に登場する水の神。古い時代には蛇として描かれ、のちに龍の姿となった。そのほかにも、ウナギやタニシとなって現れることもあるという。美都波女神《みずはめがみ》とも呼ばれ日本各地の神社に祀られており、罔象女が司る川の底には龍宮城があるとされた。また、人々に紙漉《かみす》きの技術を教えたとも伝えられている。

女神の尿から産まれる

『日本書紀』において罔象女は、日本の国土を形作り神々を産んだ（国産み・神産み）女神・伊邪那美命《いざなみのみこと》から生まれている。森羅万象《しんらばんしょう》の神々を誕生させた伊邪那美命だったが、火の神である軻遇突智《かぐつち》を生む際に体に火傷をしてしまう。致命傷を負って苦しんでいるときに、漏らした尿が罔象女になったとされる。その出生ゆえに、水神にみならず肥料の神として祀られることもある。

三輪山に棲む蛇神

大物主大神《おおものぬしのおおかみ》

Omonomushinookami

蛇

日本

日本の古代神話に登場する、大和平野の三輪山に棲む神である。蛇の姿をしており、三輪山を七巻半していたと伝えられている。歴史書『日本書紀』の崇神記《すうじんき》によると、皇女のヤマトトトヒモモソヒメが大物主大神の妻になったとされるが、ある日、妻は夫の正体が美しい小蛇《こおろち》だと知ってしまう。その正体に驚いた妻は死んでしまい、大物主大神は三輪山に帰っていったと記されている。

大物主大神、捕えられる

同じく『日本書紀』の雄略記《ゆうりゃくき》においては、三輪山の神（大物主大神）の姿を見たいと思った雄略天皇が、側近のスガルに捕獲を命じている。そうして大物主大神は捕えられたが、身を清めることを忘れてしまった雄略天皇を睨みつけたという。この出来事により天皇は大物主大神に恐れを抱き、解放したとされる。

日本各地で祀られる守護神

九頭竜

Kuzuryuu

蛇・多頭

日本

日本各地で祀られている、九つの頭を持った竜。なかでも長野県の戸隠神社が有名であり、ここでは水の神などとして信仰を集めている。そのほかにも、奈良県の南山では疫病を引き起こす悪鬼を退治する九頭竜がいたと伝えられ、マラリアの沈静を祈願した木簡（文字などを書き記した木の札）が残されているという。

芦ノ湖の伝説

このように守護神として信仰されている九頭竜であるが、もとから九個の頭を持っていたわけではなく、奈良時代に現在の神奈川県の芦ノ湖に棲んでいた毒竜だという。この竜は水害を起こして住民を苦しめていたが、万巻上人《まんがんしょうにん》が祈祷を行い調伏《ちょうぶく》に成功。湖底の「逆さ杉」に縛り付けたところ、改心をして九個の頭を持つ姿に変わったとされる。その光景を見た上人は九頭竜神社を建立したのであった。

七歩は歩けぬ猛毒を持つ

七歩蛇

Shichihoda

蛇・龍頭

日本

怪奇小説の祖とも言われる浅井了意の『御伽婢子《おとぎぼうこ》』に描かれた怪奇現象を起こす毒蛇、もしくは妖怪。全長六センチほどの蛇だが、立った耳など龍に似た顔をしており、真っ赤な色をした体には四本の足が生え、鱗の間は金色に光っていたされる。小型だが猛毒をもっており、噛まれた者は七歩を歩かぬうちに死んでしまうため「七歩蛇」の名前が付いたとも言われている。

『御伽婢子』が伝える七歩蛇

京都・東山の山荘に住んでいた男は、毎晩出てくる奇怪な蛇の群れに悩まされていた。そこで地祭を行うと、砕けた庭石からは奇妙な蛇が出現。これを殺して南禅寺の僧に見せると「これは七歩蛇というもので、仏経にも見える」と教えたという。それ以降蛇は現われず、七歩蛇の精であったのだろうと語られた。

大蛇

信仰と恐怖の総称

Orochi

蛇
日本

蛇は世界各地で土地の守護神や恐怖の存在として祀られている。日本においても同様であり、とくに山中に棲む巨大な蛇は「大蛇」と呼ばれ信仰の対象になることが多い。前述の九頭竜や後述の八岐大蛇なども大蛇の仲間とされており、それぞれにやはり土地の守りと恐怖を司っている存在だ。

伝えられる大蛇の力

蛇が大きくなった大蛇は、地霊として持つ力も大きいと考えられていた。それを象徴するエピソードとして、寛政四年（一七九二年）に現在の長崎県の島原で発生した噴火災害についての言い伝えがある。この年、雲仙岳の麓《ふもと》で狩りをしていた殿様が、見かけた二匹の大蛇のうち一匹を殺してしまった。それに怒った一匹が大地震を起こしたのだと、当時の人たちは災害の発生理由を解釈していたという。

日本神話屈指のドラゴン

八岐大蛇《やまたのおろち》

Yamatanoorochi

蛇・多頭

日本

八岐大蛇は、日本神話に登場する伝説上の生物で、『日本書紀』では八岐大蛇、『古事記』では八俣遠呂智と表記されている。酸漿《ほおずき》のような赤い目を持ち、八つの頭と八本の尾を持ち、その身体には苔や杉などが生い茂っていると言われている。身体の大きさは八つの谷、八つの峰にまたがるほど巨大であった。八つという数字は、「限りなく大きい」といった意味で使われたことから、途方もない大きさだったのであろう。さらに、腹部は血で濡れたように真っ赤に染まり、雨雲を従えているため周囲を暗がりが覆ったという。

素戔嗚尊《すさのおのみこと》の活躍

八岐大蛇の伝承は、素戔嗚尊（須佐之男命）が高天原を追われて出雲国《いずものくに》（現在の島根県東部）に降り立ち、斐伊川流域で宿を探していたことから始まる。斐伊川を

流れてきた箸を見て「上流に人が住んでいるな」と察した素盞鳴尊は、足名椎《あしなづち》、手《て》名椎《なづち》という夫婦に出会った。この夫婦が「娘である櫛名田比売《くしなだひめ》が八岐大蛇に食べられてしまう」と嘆いていたので、素盞鳴尊は櫛名田比売を嫁にもらうことを条件に八岐大蛇退治を引き受けた。

素盞鳴尊は櫛名田比売を櫛の姿に変えて髪に刺し、八つの門と祭壇を作ってそこに念入りに仕込んだ八塩折《やしおり》の酒を用意し、八岐大蛇を待ち受けた。八岐大蛇は八つの首をそれぞれの門にくぐらせて酒を飲み干し酔い潰れ、そのまま眠ってしまった。その隙に、素盞鳴尊は手にした剣で八岐大蛇を刻んでバラバラにしたが、その際流れ出た血で川は真っ赤に染められたという。なお、この討伐の際に八岐大蛇の尾から不思議な太刀が現れた。これが天叢雲剣《あめのむらくものつるぎ》だと言われている。

水害や厄災の象徴だった八岐大蛇

これらの神話に残る伝承を現実の事象で解釈した場合、八岐大蛇は水を支配する龍神や河川そのものを、櫛名田比売は稲田を表現しているのではないかと言われている。これは、櫛名田比売を奇稲田姫とも記述することを見ても推測できる。つまり八岐大蛇退治の伝承は、毎年起こる河川氾濫による水害による稲田の崩壊を示し、討伐は治水によって水害を克服したことを示したのではないかとされているのだ。
また、『出雲風土記』に記された戦いがこの神話のベースになったという説も根強い。これは、当時の出雲国と越国《こしのくに》（現在の北陸地方）の交戦を表し、出雲国が勝利した物語だとしているのだ。

加えて、八岐大蛇の体内から出てきたとされる天叢雲剣は出雲国で栄えた古代製鉄文化の象徴ではないかとも言われる。八岐大蛇の尻尾を斬りつけた際に青銅剣が歯欠けし、そのおかげで体内の天叢雲剣が見つかった。このことから、天叢雲剣は青銅よりも硬度がある、当時の最先端技術であった鉄剣だったのではないかとされているのだ。同時に八岐大蛇の血で川が赤く染まったという話も、鉄分の錆《さび》によって川底が赤みがかっていたことを示すのでは、と推測されている。

八岐大蛇は酒呑童子の父？

『日本書紀』では八岐大蛇が出雲から逃げた際に、ある土地の富豪の娘と子を作ったとしている。その子供が酒呑童子《しゅてんどうじ》であるという説があるのだ。通説では酒呑童子は鬼の原型になったと言われ、外見自体は八岐大蛇とは似ていない。しかし、双方共に酒に酔って打ち倒されたことなど類似点も見えるのである。

槌《つち》の子としても有名な蛇

野《の》槌《づち》

Nozuchi

蛇

日本

蛇に似た外見を持ち、身の丈は目撃談によって異なるが三十から九十センチほど、頭と尾が同じ太さをしているという怪蛇。百科事典『和漢三才図会』によると、奈良県の吉野山中の夏見川や蜻螟滝《せいめいがたき》などで目撃談があり、人を見ると坂を転がってきて足に噛みつくという。しかし、坂を登るのは遅いので、野槌を見かけたら高いところに逃げれば難を逃れられるとされている。

精霊から大蛇の化け物へ

野槌は〝野津霊〟とも書かれ、精霊の一種と考えられていた。浮世絵画家の鳥山石燕は『今昔画図続百鬼』で全身毛だらけの野槌を描き、「野槌は草木の霊をいふ」と説明している。また、ＵＭＡ（Unidentified Mysterius Animals）として実在を信じられている槌の子と同じものとして語られることが多いようだ。

アイヌの悪神

ラプシヌプルクル

Rapushinupurukuru

蛇・翼

日本

アイヌ民話に伝えられる翼の生えた蛇。名前は「翅《はね》の生えている魔力のある神」の意味で、谷や沼地などの神とされた。洞爺湖《とうやこ》の主とも言われており、その性質は、気候など周りの環境が暑くなると動きが活発になり、寒いと鈍くなるといわれている。そのためアイヌの人々の間では、夏場や火のそばでラプシヌプルクルの名を呼ぶのは恐ろしい行為だとされた。

神話に見られる弱点

アイヌの神であるオキリキムイは、悪神のラプシヌプルクルをからかって怒らせ、村までおびき出し射殺したという。別の話でも、オキクルミとサマンウンクルの両神がからかっておびき出し、翼の弱ったところを地獄に突き落としたとされる。どちらの話でも、からかっておびき出されるという共通点が見られるのだ。

高麗王の曾祖父となった龍

韓国の龍王

Dragon of Korea

龍
韓国

初代高麗王・王建の祖父である作帝建は、韓国・西海（黄海）の龍王の娘を妻に迎えたという伝説が残っている。そのためか、現在の国名〝コリア〟に通ずる高麗王朝は歴代の諸王朝よりも格式が高いと見られることがあるようだ。

龍王の天敵は化け狐

その昔、作帝建は唐の王子の庶子として生まれた。彼は実の父親に会うべく旅に出るが、途中の西海にて老人の姿をした龍王に頼まれて化け狐を退治した。その礼として作帝建は龍王の娘を妻にもらったのだ。龍王の娘は「私が竜宮に里帰りする際はその姿を見ないように」と念押ししていたが、あるとき作帝建はその姿を見てしまい、彼女は竜宮から二度と戻ってこなかった。龍王の娘との間には子供が四人でき、その長男が初代高麗王の王建だと言われている。

物語の中のドラゴン⑦

ゲームの中のドラゴン

昨今流行しているファンタジー小説やゲームにおいて、ドラゴンは重要な登場キャラクターとしてポピュラーになっている。とくにファンタジーを題材にしたロールプレイングゲーム（RPGと略される）の場合は、非常に重要なポストに置かれている。何しろ、元祖RPGのタイトルからして『ダンジョンズ&ドラゴンズ』となっているくらいなのだ。『ダンジョンズ&ドラゴンズ』はアメリカで一九七四年に生まれた。ダンジョンと呼ばれる洞窟などを探険し、敵を倒し財宝を持ち帰るなどの目的を達成するという会話型ゲームだ。一方、日本でもっとも有名なコンピュータRPGのひとつが『ドラゴンクエスト』シリーズだ。これは『ダンジョンズ&ドラゴンズ』をはじめとするRPGをコンピュータ化し独自進化したものだが、ここでもタイトルには〝ドラゴン〟が使われている。

ゲームに登場するドラゴンは、たいてい体色のイメージと合致した息の攻撃《ブレスウェポン》（たとえば、レッドドラゴンなら炎の息、グリーンドラゴンなら毒の息、ホワイトドラゴンなら冷気の息など）を主武器にしている。この攻撃が一撃必殺の威力を持ち、ドラゴンの退治をより困難にしている。さらにドラゴンは優れた魔法の使い手であり、鋭い爪や牙の攻撃と硬い鱗による防御と、まさに死角のない強敵として登場するのだ。

こうしたなかで、RPG世界ではドラゴンの仲間入りをした幻獣まで登場した。それは、バハムートである。日本ではドラゴンとして認知されていることが多いバハムートだが、本来は『千夜一夜物語』に書かれているように、イエス・キリストが驚いて気絶するくらい巨大な魚の幻獣として言い伝えられていた。しかし、人気コンピュータRPG『ファイナルファンタジー』シリーズで、最強クラスのドラゴン型モンスターとして登場したことから、多くのユーザーの間で〝バハムート＝ドラゴン〟というイメージが定着したのである。実は、バハムートを最初にドラゴンとして表現したのは、先の『ダンジョンズ&ドラゴンズ』の進化上位版である『アドバンスド・ダンジョンズ&ドラゴンズ』だ。『ファイナルファンタジー』シリーズはバハムートに限らず、『アドバンスド・ダンジョンズ&ドラゴンズ』を参考にしてゲーム中に登場させるモンスターを決めていることが多かったことから、こうしたイメージが大きく広まったのだ。

半獣半魚の神獣

マカラ

Makara

その他（魚）

インド

インドの大河や海、湖に棲むと言われた神獣。巨大な魚の体に中国の龍の頭（獅子や象の上半身だという説もある）をもち、獅子のような獣の前脚があると伝えられる。ガンジス河の女神であるガンガーや水の女神ヴァルナなどが乗って旅をしたとされ、古くにはマカラが水を治めていると考えられており、人々から崇拝されていたという。のちにインドに仏教が広まると、海の守護獣となった。

しゃちほこのルーツ!?

仏教の伝播《でんぱ》に伴い、マカラの存在は中国から日本に伝えられたと推測される。一説によれば、名古屋城のものが有名な「しゃちほこ」は、本来はマカラの姿を模《かたど》ったものだともいわれている。さらに、日本語でヤギ座を指す磨羯宮《まかつきゅう》の語源も、マカラではないかと考えられているのだ。

生と死を司る地下王国の蛇神たち

ナーガ

Naga

蛇

インド

インド神話の中核をなす存在、それがナーガである。ナーガという言葉は、インドのサンスクリット語で「蛇」という意味を持ち、特にコブラや毒蛇のことを示す。ナーガとは個別の名前ではなく種全体を表す呼称で、男性はナーガ、女性はナーギーニともいう。その姿は、上半身は頭に五匹の蛇を飾る人間で、下半身は蛇とされる説や、鎌首を持ち上げて攻撃の姿勢をとったコブラの姿であるとする説もある。ナーガは毒を持っていて、その毒は人間のみならず、インドの悪魔「アスラ」や半神「キンナラ」（神と人の中間の存在）なども一撃で倒してしまうという。また、どんな傷をも治してしまう不死身の肉体を持つため、生と死を司る神として崇拝されている。ナーガの一族は地下世界「パーターラ」にさまざまな部族に分かれて棲んでいるとされ、また、ナーガの社会では王制が敷かれ、王たちはナーガラジャと呼ばれて尊崇を集めていると言われる。

はじまりと終わりに顕現《けんげん》する竜王「アナンタ」

アナンタは千の蛇の頭を持つナーガラジャである。その名は「無限」を意味し、世界のはじまりと終わりにだけ出現するとされる。世界がはじまる前、宇宙が混沌とした海だったときに、インド神話の三大神・ヴィシュヌはアナンタを船の代わりにして、その体の上でまどろんでいたという。また、世界の終わりが来て、すべての神、人間、ナーガが滅び、世界が混沌とした海に戻った際も、はじまりのときと同じく、ヴィシュヌはアナンタの上で眠りにつくと伝えられている。そのとき、アナンタはヴィシュヌの眠りを妨げないように、千の頭でヴィシュヌを覆い守るのだという。永劫の時を経て、ヴィシュヌが目覚めたときには、アナンタはヴィシュヌと共に再び世界を創造すると言われる。そのためか、世界が滅亡してもアナンタがいる限り、再びナーガは繁栄すると考えられているそうだ。

最初のナーガ「カーリヤ」

カーリヤはナーガラジャの一人で、すべてのナーガの祖とされる。その姿は大きな蛇（コブラ）そのもので強い毒を持ち、川の水を猛毒で沸騰《ふっとう》させ、周辺の樹木を千の頭の「アナンタ」(左上)、毒蛇「カーリヤ」(右上)、巨大な「ヴァースキ」(下)、ヴァースキの上には「タクシャカ」が。中央にはヴィシュヌ神が艶然と微笑んでいる。

枯れさせ、飛ぶ鳥をも殺したという。そのことを知ったヴィシュヌ神の化身とされるクリシュナ神は、諸悪の根源とされるカーリヤと対決。クリシュナ神は圧倒的な力の差を見せつけてカーリヤを倒すと、その頭を足で踏みつけるのだった。その後、クリシュナ神はカーリヤを許すと、他者に迷惑をかけないようにするため、ラマナカ島という孤島に移住させせた。なお、この戦闘の名残で、カーリヤの一族の鎌首にはクリシュナ神の足跡が残ることになった。その跡はクリシュナ神の加護とされ、カーリヤの一族に危害を加えるものはいなくなったという。

偉大なる古き王「ヴァースキ」

神々とアスラの戦いが激しく繰り広げられていた神話の時代。そのころより崇められていた、巨大な蛇の姿で大地を支えたと言われる古いナーガの王がヴァースキだ。過去に神々たちが不死の霊薬「アムリタ」を作るため、仇敵であるアスラと協力し、「乳海」という大海をかき回そうとしたことがあったのだが、このとき神々らはヴァースキの協力を得ているのである。乳海をかき回す棒として、巨大な「マンダラ山」を引き抜いて使うことにした神々らは、その山にヴァースキの長い蛇の体をロープのように巻きつけさせ、ヴァースキの尻尾を神々が、頭をアスラがそれぞれ持って引っ張り合い、広大な海をかき混ぜたという。そうして不死の霊薬「アムリタ」は完成したのだった。

しかし、このとき激しく引っ張られたために苦しくなったヴァースキは、思わず毒を吐き出してしまう。三大神の一柱・シヴァ神が毒をすべて飲んで事なきを得たが、それがなければその毒で世界は滅びてしまったと伝えられている。その後もヴァースキは神々に協力し、大きく貢献したと言われているが、アムリタ作成の際と同様、その長大な体は〝ロープ〟代わりに使用されることが多かったという。偉大な王をロープ扱いとは、さすが神々のスケールはでかい！

そのほかのナーガラジャたち

古代インドの神話叙事詩『マハーバーラタ』などには、さらに多くのナーガラジャの記述がある。「シェーシャ」は前述したアナンタと同一視されることもあるナーガで、千の頭を持つ巨大な蛇であり、その頭で大地を支えていると言われる。変身能力を持つ「タクシャカ」は、虫に変身して人間の復讐に手を貸したという。前述したカーリヤの兄弟「カルコータカ」は、人間に取り付いた悪魔を取り払ったとされ、「ムチャリンダ」はブッダに帰依《きえ》したという変わった王だったようだ。

神を超えた力を持つ悪龍

ヴリトラ

Vrtra

蛇

インド

古代インドの聖典『リグ・ヴェーダ』などに登場する巨大な竜。漆黒の蛇の体に黄色い瞳と白い牙を持っており、インド神話においては神を上回る不死身の怪物とされる。名前には「障害」の意味があり、天から流れ出る川の水をせき止めて旱魃《かんばつ》を起こしたという。そのため、動植物の成長を遅らせ苦しめる冬を象徴していると考えられ「アヒ（冬の巨人）」と呼ばれることもある。

インドラの策に敗れる

神をも恐れぬ力を持つヴリトラに立ち向かったのは、インド神話の中心的な神であり、世界の守護者とされたインドラ（仏教名では帝釈天《たいしゃくてん》）であった。彼は策略を用いてヴリトラの警戒心を解かせ、そのスキに聖者の骨から作られた武器ヴァジュラ（金剛杵）で口の中（別説によれば額）を打って倒したという。

死と病と災厄をもたらす怪物

バニップ

Bunyips

不明

オーストラリア

バンイップとも呼ばれる。オーストラリアの川や泉に棲むとされる怪物の一種。その姿は蛇の体に鳥のような頭があり、固い嘴《くちばし》を持つとも、ヒョウアザラシに似た体を持つとも言われる。オーストラリアの先住民族であるアボリジニの民話では、災厄や病、死などをもたらすと伝えられ、人間を喰うと恐れられた。乾季の間は土を掘った穴の中に隠れているが、雨季の到来とともに活動を始めるという。

スリー・シスターズ誕生の由来

オーストラリアにあるスリー・シスターズの岩山。これはかつて美しい三人娘だったと伝えられており、ある日バニップに襲われた父親の祈祷師が三人を岩に変え、自らもコトドリに変じて難を逃れたという。しかし、祈祷師は人間の姿に戻ることができなかったため、三人の娘はいまも岩山のままだとされている。

天地創造の時代から存在する〝大いなる蛇〟

虹蛇

Rainbow Serpent

蛇

オーストラリア

オーストラリアの先住民族・アボリジニに崇拝されている虹の精霊。大蛇の姿をしているため、虹蛇《にじへび》（レインボー・サーペント）と呼ばれる。虹蛇は「ドリームタイム」とアボリジニが呼ぶ天地創造の時代から人々に信奉されてきた古い精霊で、各部族によってさまざまな種類・形状・名前のものが崇められている。アボリジニに伝わる神話は部族や地域ごとに異なっているのだが、どの伝承においても虹蛇は偉大なるものとして語り継がれており、多少の違いはあるものの、神の叡智《えいち》と虹色に輝く美しい巨体を持つとされ、泉や湖の底に棲んで水や雨を自在に操ったと言われている。特に蛇行する大河は虹蛇が通った跡であると信じられていたそうである。

また、虹蛇は月の精霊である「月男（バールー）」と仲がよく、月の明るい晩には月男が虹蛇の棲む泉を訪ね、二人きりで世界の秘密について話し合ったという。

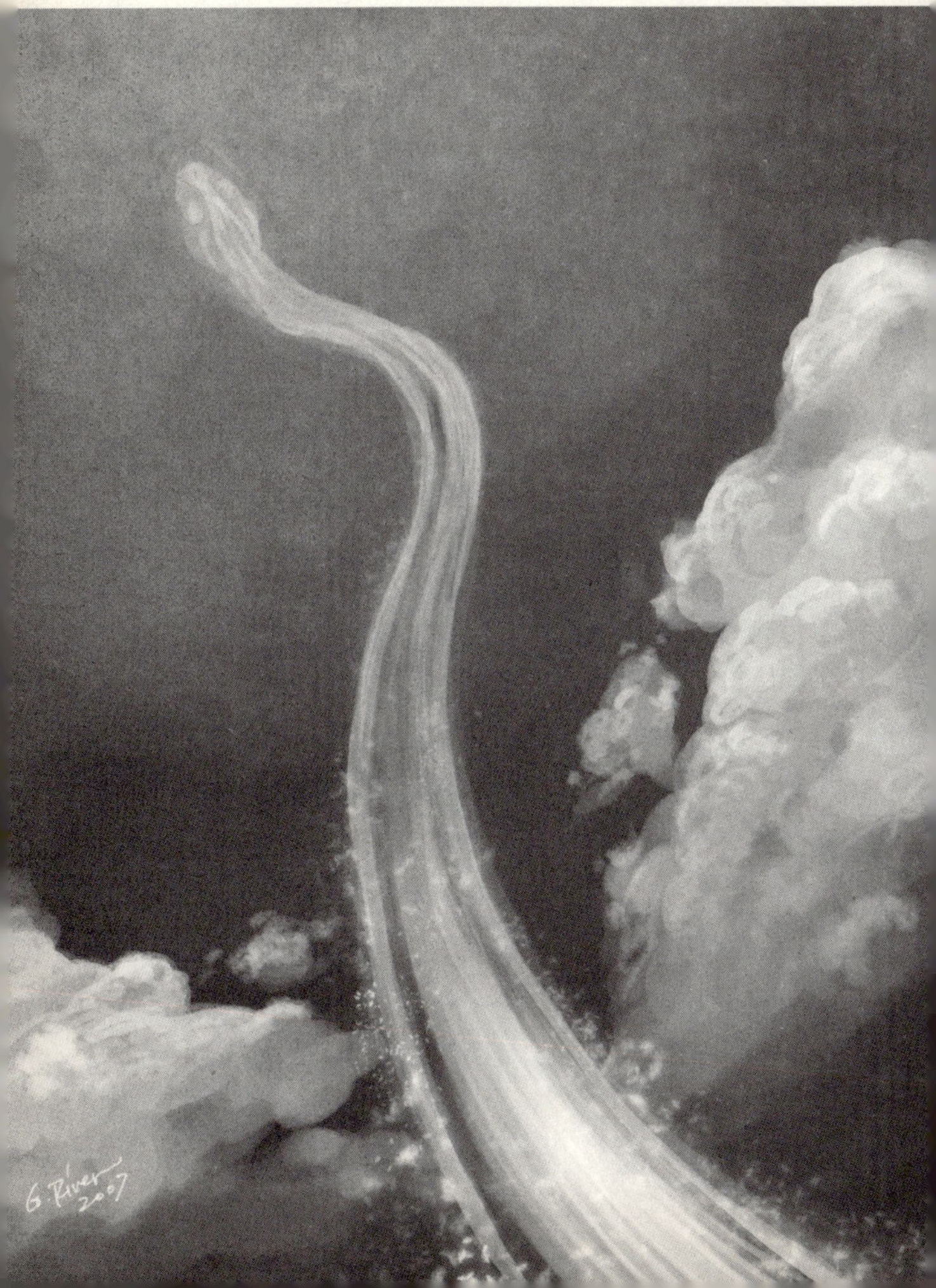
G. River
2007

月男は天から見えるすべてを知り、虹蛇は大地で起こるすべてを知っており、それぞれの情報を元にこれからの世界について相談するのだそうだ。この二人の会話は世界の大いなる秘密のためか生物は聞くことを許されておらず、もし聞いてしまった場合は呪いを受けて石の像と化してしまうと伝えられている。そのためアボリジニの中には、月の明るい晩は虹蛇と月男の会合が行われているので、決して虹蛇の棲むと言われる泉には近づかないように言い含められていたという。

始祖の精霊「エインガナ」

アボリジニの部族ポンガポンガ族に伝わる虹蛇。ドリームタイムのはじめのころに無限に広がる砂漠に横たわっていたとされ、動物や人間などさまざまな存在を生み出したと言われる。そのため、一族からは〝始祖蛇《しそへび》〟と呼ばれている。なお、人間は最後にエインガナに身ごもられたのだが、非常に難産だったらしく、最終的には他の動物たちが口から生まれたのとは異なり、腹を割いて生み出したとされる。

しかし、そうやって苦労して生み出された人間は、エインガナのことを見向きもせずに逃げ出してしまう。そんな人間の身勝手さにエインガナは怒り、全員を飲み込んで捕まえると、かかとに紐《ひも》を縛りつけたという。その紐の端は今もエインガナに握られており、もし紐が放された場合は、人間はすぐに死んでしまうと言い伝えられている。

最初の精霊「ウングト」

ドリームタイムがはじまった太古の時代、世界に海しかなかったころ、海底の泥が集まって誕生した最初の精霊が虹蛇ウングトである。ウングトは何度もブーメランを飛ばして海面を泡立てて、その泡を固めて陸地を造ったとされている。そうしてできた台地に上がり、たくさんの卵を産み、その卵より多くの精霊たちが生み出されたという。さらにそれら多くの精霊が地上のさまざまな生物を生み出したので、世界には多くの動物が暮らすようになったと伝えられている。

銅蛇《どうへび》「ユルルングル」

アボリジニのムルンギン族に伝わる巨大な虹蛇。赤銅色の体に天に届くほどの大きさを持つ虹蛇のリーダー的存在であったという。しかし、仲間に嘘をついてしまったため、追放されてその地位を失うことになり、それ以降は二度と姿を見せなかったと言われている。

「魚の王」と敬われる精霊

グランガチ

Grangach

トカゲ系（ワニ）

オーストラリア

オーストラリアの先住民族である、アボリジニの伝承に登場する川や海の精霊。「魚の王」とも呼ばれ、体にある魚の鱗《うろこ》は緑と紫色をしており、太く発達した前脚と小さく未発達な後脚を持つ。瞳は金色で鋭い牙が生え、ワニを想像させる姿だという。夜は水の底で静かに過ごし、昼になると岸へ上がり日光浴するとされる。グンダンガーラ族の人々が祖先の霊として敬う神的な存在だ。

ワニの背中がギザギザな理由

また、グランガチをワニの始祖だとする伝承が残っている。それによれば、漁の名手のフクロネコがグランガチを捕まえようとしたという。このときに、水鳥が水中のグランガチを引き上げようとして、背中の肉を引きちぎってしまった。その傷で背中がギザギザになり、他のワニの背中もそのようになったとされる。

七色に輝く巨大ヤモリ

イピリア

Ipiria

トカゲ系（ヤモリ）

オーストラリア

頭髪と上唇に髭《ひげ》の生えた巨大なヤモリ。虹色に輝く体を持つ、雨季を呼ぶ精霊であり、アボリジニのイングラ族が崇拝していた。イピリアの棲むヌマリカ沼は聖域とされていて、人間が足を踏み入れると乾期が終わらないといわれた。そのため、その水を飲んだ者は死ななければならないなど厳しい掟があったのだ。

年に一度雨季を告げる

いつもは沼の底で眠っているイピリアは、一年に一度だけ岸に上がってくるとされる。そして、草と水を腹一杯まで詰め込むと、腹の中のものを空高くに吹き上げるという。それが雨雲となり大地に雨を降らせると、イピリアは咆哮《ほうこう》を上げる。咆哮は雷となって響きわたり、イピリアが自身の仕事に満足したことを人々が知るのだ。そして、また、沼の底で眠りにつくのであった。

現代に生きるドラゴン

ドラゴンは現在も生きている。正確にいうと「名前に〝ドラゴン〟がつく生き物」なのだが、現実世界で出会うことができるのである。まずは、東南アジアのコモドドラゴンだ。これはコモドオオトカゲとも呼ばれる大型爬虫類で、インドネシアのコモド島やフローレス島などに棲んでいる。体長は約二・五メートルほどで、大きなものは三メートル以上に達する。七メートルほどの個体が発見されたという話もあるようだ。コモドドラゴンは黄色い舌をチロチロ出しており、それが炎を吐いているように見えなくもない。この生物は現在五千匹ほどがコモド国立公園内に生息しており、ワシントン条約などで厳重に保護されている。

また、飼育は困難だが、ペットとして飼うことができるドラゴンも存在している。それは、インドシナウォータードラゴンやヒガシウォータードラゴンといったイグアナに近い爬虫類である。自然の中では森林中の水辺に棲み、体長は六十から九十センチメートルほどとそれなりに大きい。雄には立派なたてがみ状の鱗があり、羽根こそないものの後ろ足のみで立つこともでき、ドラゴンとしての風格を備えていると言えなくもないのだ。

一方、実在を確認できているわけではないが、その可能性を探っている最中のドラゴンもいる。ＵＭＡという、謎の未確認生物に属する、恐竜の生き残りとされるドラゴンたちだ。その代表は、かの有名なネス湖のネッシーであろう。未だにライブカメラが設置され、二十四時間体制での監視が続けられているという。コンゴの湖に棲むモケレ・ムベンベという恐竜の生き残りとされるＵＭＡも有名だ。ピグミーの言葉で「川を止めるもの」という意味があるとされるこの生物は、四本足の恐竜のような姿をしているという。これは目撃談から首長竜のようなものが想像され、恐竜の生き残りとして注目された。一九八〇年代から繰り返し調査隊が派遣されたが、結局現在まで発見できていない。犀《さい》なのではないかという説もあるが、未だに結論には至っていないようだ。また、カナダのオカナガン湖に棲むオゴポゴや北海道の屈斜路《くっしゃろ》湖に棲むクッシーなど、恐竜の生き残り、水棲ドラゴンではないかとされるＵＭＡは数多い。研究が進めば、これらのドラゴンに出会える日が来るかもしれない。

●ドラゴン索引●

参考文献

山海経　中国古代の神話世界　高馬三良(訳)　平凡社

よくわかる「世界の幻獣」事典　「世界の幻獣」を研究する会(著)　ブレインナビ(編)　廣済堂出版

よくわかる「世界の妖怪」事典　「世界の妖怪」を探究する会(著)　ブレインナビ(編)　廣済堂出版

世界の「神獣・モンスター」がよくわかる本　東ゆみこ(監修)　造事務所(編著)　PHP研究所

怪物の友　モンスター博物館　荒俣宏　集英社

「天使」と「悪魔」がよくわかる本　吉永進一(監修)　造事務所(編著)　PHP研究所

龍のファンタジー　カール・シューカー(著)　別宮貞徳(監訳)　東洋書林

幻想動物事典　草野巧(著)　新紀元社

中国魔物図鑑　下　光栄

幻獣辞典　ホルヘ・ルイス・ボルヘス(著)　柳瀬尚紀(訳)　晶文社

ドラゴン　久保田悠羅　F・E・A・R　新紀元社

幻獣ドラゴン　苑崎透　新紀元社

別冊歴史読本　幻獣博物図鑑　ファンタジック・モンスターの系譜　新人物往来社

龍の伝説　水野拓　光栄

反社会の怪獣　ドラゴン　ウーヴェ・シュテッフェン(著)　村山雅人(訳)　青土社

龍とドラゴン　幻獣の図像学　フランシス・ハックスリー(著)　中野美代子(訳)　平凡社

世界の妖精・妖怪事典　キャロル・ローズ(著)　松村一男(監訳)　原書房

ファンタジー・ファイル　幻獣夜話　オフィス新大陸(編著)　ジャパン・ミックス

創竜伝　田中芳樹　講談社

百鬼解読　妖怪の正体とは？　多田克己　講談社
字通　白川静　平凡社
本当にいる世界の「未知生物」（UMA）案内　天野ミチヒロ　笠倉出版社
怪物の友──モンスター博物館　荒俣宏　集英社
世界文学に見る架空地名大事典　アルベルト・マングェル&ジアンニ・グアダルーピ（著）　高橋康也（訳）　講談社
ギリシャ神話小事典　B・エヴスリン（著）　小林稔（訳）　社会思想社
図解モンスターランド──知られざるモンスターの生態　草野巧　新紀元社
図説・世界未確認生物事典　笹間良彦　柏書房
図説・日本未確認生物事典　笹間良彦　柏美術出版
龍のファンタジー　カール・シューカー（著）　別宮貞徳（訳）　東洋書林
世界民間文芸叢書別巻　世界の龍の話　竹原威滋　丸山顯徳　三弥井書店
幻獣大全Ⅰ／モンスター　健部伸明　新紀元社
世界UMA事件ファイル　MU SUPER MYSTERY BOOKS　並木伸一郎　学習研究社
指輪物語　J・R・R・トールキン（著）　瀬田貞二・田中明子（訳）　評論社
画図百鬼夜行全画集　鳥山石燕　角川書店
トールキン指輪物語辞典　デビッド・デイ（著）　仁保真佐子（訳）　原書房
地獄の辞典　C・ド=プランシー（著）　床鍋剛彦（訳）　講談社
エンサイクロペディアファンタジア　想像と幻想の不思議な世界　マイケルページ（著）　教育社（訳）　教育社
日本妖怪大事典　水木しげる・村上健司　角川書店
水木しげるの世界幻獣事典　水木しげる　朝日新聞社
Truth In Fantasy 事典シリーズ5 DICTIONARY OF DEMONS AND DEVILS 悪魔事典　山北篤・佐藤俊之

（監修） 新紀元社
龍の文明史 安田喜憲 八坂書房
世界の神話伝説・総解説 自由国民社
天まで 吉永進一（監修） ＰＨＰ研究所
世界幻獣図鑑――ファンタジック・ワールドへの招待 歴史読本特別増刊 宮崎美友（編集） 新人物来往社
ロードス島戦記シリーズ 水野良 角川書店
グイン・サーガシリーズ 栗本薫 早川書房
エルリック・サーガシリーズ マイクル・ムアコック（著） 井辻朱美（訳） 早川書房
ゲド戦記シリーズ アーシュラ・K・ル＝グウィン アーシュラ・K・ル・グウィン（著）清水真砂子（訳） 岩波書店
ホビットの冒険 上・下 J・R・R・トールキン（著） 瀬田貞二（訳） 岩波書店
不思議の国のアリス ルイス・キャロル（著） 矢川澄子・金子国義（訳） 新潮社
ドラゴンボール 鳥山明 集英社

その他、多数の書籍やウェブサイトを参考にさせていただいております。

本書は、書き下ろし作品です。

編集・執筆 ―株式会社ウェッジホールディングス　ブレインナビ事業部
西智樹／馬場広導
執筆――――土屋光司／鈴木弘子／小林基修／森下ヨシオ
イラスト――中村淳一／緑川美帆／沢樹隆広／長田馨／ Rebis
デザイン――株式会社ウェッジホールディングス　ブレインナビ事業部
浅井靖子

ヒューマン文庫
KOSAIDOBUNKO

よくわかる「世界のドラゴン」事典
サラマンダー、応龍から、ナーガ、八岐大蛇まで

2007年11月10日　第1版第1刷

著者
「世界のドラゴン」を追究する会

編者
ブレインナビ

発行者
蔀　聡志

発行所
株式会社廣済堂出版
〒104-0061 東京都中央区銀座3-7-6
電話◆03-3538-7214［編集部］ 03-3538-7212［販売部］ Fax◆03-3538-7223［販売部］
振替00180-0-164137　http://www.kosaido-pub.co.jp

印刷所・製本所
株式会社廣済堂

©2007 Sekaino-Doragono-Tsuikyusurukai　Printed in Japan
ISBN978-4-331-65421-7　C0195

定価はカバーに表示してあります。乱丁・落丁本はお取り替えいたします。